EXTRAIT

DU

RÈGLEMENT

PROVISOIRE

SUR L'INSTRUCTION A PIED

DANS LES RÉGIMENTS D'ARTILLERIE

EXTRAIT

DU

RÈGLEMENT

PROVISOIRE

SUR L'INSTRUCTION A PIED

DANS LES RÉGIMENTS D'ARTILLERIE

Approuvé, le 15 juillet 1835,
par M. le Ministre secrétaire d'Etat de la guerre.

NOUVELLE ÉDITION

CONTENANT

les modifications apportées aux manœuvres
par l'adoption pour les régiments d'artillerie
de la garde nationale mobile
du fusil transformé de dragons (modèle 1867
se chargeant par la culasse).

RÉDACTION PROVISOIRE

arrêtée par M. le Ministre de la guerre le 3 septembre 1868
et publiée par son ordre.

Instruction sur le tir, etc.

LILLE

L. QUARRÉ, LIBRAIRE

GRANDE PLACE, 64.

EXTRAIT

DU

RÈGLEMENT

PROVISOIRE

SUR L'INSTRUCTION A PIED

DANS LES RÉGIMENTS D'ARTILLERIE

TITRE Ier

BASES GÉNÉRALES DE L'INSTRUCTION.

ARTICLE Ier.

DU NOMBRE, DU CHOIX ET DU DEVOIR DES INSTRUCTEURS.

Le colonel est responsable de l'instruction du régiment, et ne peut, sous aucun prétexte, apporter des changements aux dispositions contenues dans la présente ordonnance.

Il assiste, autant que ses devoirs le lui permettent, aux instructions théoriques et pratiques, et particulièrement à celles des officiers réunis.

Le lieutenant-colonel est spécialement chargé de surveiller l'instruction du régiment, et c'est à lui que sont adressés les ordres du colonel qui y sont relatifs.

Le chef d'escadron de semaine surveille les instructions sous les ordres du lieutenant-colonel.

Le capitaine instructeur d'équitation et de conduite des voitures est chargé de l'instruction des hommes non admis à la première classe à cheval, jusqu'aux écoles du peloton et du canonnier conducteur inclusivement; il dirige en outre le travail des sous-instructeurs d'équitation.

Il a sous ses ordres des officiers et des sous-officiers en nombre suffisant.

Chaque année, le colonel désigne un capitaine pour diriger l'instruction à pied des hommes non admis à la première classe de cette instruction. Il a sous ses ordres des officiers et des sous-officiers en nombre suffisant.

Tous les hommes ne réunissant pas au même degré l'intelligence et la patience nécessaires pour en instruire d'autres, il est essentiel de bien choisir les officiers, sous-officiers et brigadiers destinés aux fonctions d'instructeurs.

On a soin de prendre, autant que possible, le même nombre d'instructeurs dans chaque batterie.

On désigne aussi par batterie plusieurs brigadiers pour aider les sous-officiers instructeurs, et les suppléer au besoin.

Chaque année, avant l'époque où commence le travail d'hiver, les capitaines instructeurs soumettent aux chefs d'escadrons, et remettent ensuite au lieutenant-colonel, qui le présente à l'approbation du colonel, le contrôle des officiers, sous-officiers et brigadiers reconnus capables de concourir à l'instruction tant à pied qu'à cheval.

A la même époque, le lieutenant-colonel, assisté des chefs d'escadrons, des capitaines instructeurs et des capitaines commandants, examine successivement les sous-officiers, brigadiers et canonniers de chaque batterie, et détermine à quelle classe ils doivent appartenir.

Il arrête aussi la composition d'un peloton d'instruction qui est formé des sous-instructeurs d'équitation, et dans lequel peuvent-être admis les sujets de tous grades proposés pour l'avancement et qui annoncent le plus d'aptitude pour le service à cheval.

Le régiment est alors divisé en trois classes tant à pied qu'à cheval.

A pied.

La première classe est composée des sous-officiers brigadiers et canonniers les plus instruits;

La deuxième classe, de ceux qui le sont moins;

La troisième classe se compose des recrues.

A cheval.

La composition des classes est semblable.

Les capitaines commandants des batteries sont chargés de l'instruction des hommes admis aux premières classes.

Les officiers, sous-officiers et brigadiers désignés pour être employés à l'instruction sont aux ordres des capitaines instructeurs, qui les attachent aux détails pour lesquels ils les croient le plus capables, sans pouvoir toutefois les exempter de leur service. Lorsqu'ils n'en sont pas contents, ils en rendent compte au chef d'escadron de semaine; celui-ci en fait son rapport au lieutenant-colonel, qui prend les ordres du colonel pour les faire remplacer.

Après que les classes d'instruction ont été assemblées et inspectées par les brigadiers, sous-officiers et lieutenants de semaine, sous la surveillance de l'adjudant-major de semaine, les instructeurs en prennent le commandement et en deviennent dès lors responsables.

Les instructeurs conduisent les classes sur le terrain d'exercice et les ramènent en ordre au quartier.

Quand les lieutenants et sous-lieutenants sont réunis pour une instruction pratique, ils sont habituellement commandés par le capitaine instructeur chargé de cette instruction. Le colonel ou le lieutenant-colonel, et, en leur absence, un chef d'escadron, préside à ce travail.

Les capitaines instructeurs dirigent spécialement le travail de leurs instructeurs réunis et celui du peloton d'instruction. Ils sont chargés de la *théorie* des lieutenants et sous-lieutenants, et particulièrement de celle des instructeurs.

Ils surveillent la *théorie* des sous-officiers et brigadiers.

Chaque capitaine instructeur a l'état général des classes.

Les officiers et sous-officiers instructeurs ont aussi l'état nominatif des classes auxquelles ils sont attachés.

Au 1er de chaque mois, la situation numérique des classes est remise, par chacun des capitaines instructeurs, au chef d'escadron de semaine; celui-ci la remet au lieutenant-colonel, qui la présente au colonel en lui rendant compte des mutations survenues.

Les officiers, sous-officiers et brigadiers employés à l'instruction ne peuvent passer d'une classe à une autre soit à pied, soit à cheval, qu'après avoir été examinés sur le terrain par le capitaine instructeur, en présence du lieutenant-colonel et du chef d'escadron de semaine.

L'instruction individuelle étant la base de l'instruction des batteries, de laquelle dépend celle d'un régiment, et les premiers principes exerçant la plus grande influence sur cette instruction individuelle, on doit surveiller avec un soin particulier les classes de recrues, et y attacher, autant que possible, dès les premières leçons, soit à pied, soit à cheval, les officiers et sous-officiers les plus capables.

Les instructeurs se placent habituellement à une distance telle, qu'ils puissent d'un coup d'œil embrasser l'ensemble de leur troupe et s'en faire bien entendre. Ils se déplacent le moins possible, et seulement pour les rectifications indispensables dans la position des canonniers et l'exécution des mouvements.

Ils rappellent en peu de paroles, claires et précises, les explications qui n'ont pas été bien comprises; et, afin de ne pas surcharger la mémoire des canonniers, ils se servent toujours des mêmes termes pour démontrer les mêmes principes.

Ils doivent joindre souvent l'exemple au précepte, soutenir l'attention par un ton animé, et faire passer à un autre mouvement dès que celui qu'ils commandent a été exécuté d'une manière satisfaisante. Enfin, ils doivent se montrer de jour en jour plus exigeants sous le rapport de la précision et de l'ensemble.

Pendant les repos, les instructeurs questionnent les canonniers pour s'assurer que leurs leçons ont été bien comprises. Dans les *théories*, on exige que les commandements et les explications soient faits comme si l'on était sur le terrain.

ARTICLE II.

DIVISION, ORDRE ET PROGRESSION DU TRAVAIL.

L'instruction ne pouvant être solidement établie qu'en joignant la théorie à la pratique, il y a dans le régiment une instruction théorique indépendamment des exercices sur le terrain.

Pendant le semestre d'hiver, le lieutenant-colonel réunit les capitaines une fois par semaine pour la *théorie* sur les différentes parties de leur instruction. Les chefs d'escadrons y assistent, et l'un deux le supplée au besoin.

Les capitaines instructeurs réunissent, pour le même objet, les lieutenants et sous-lieutenants, et l'un des officiers instructeurs, dans chaque partie, réunit également à cet effet les sous-officiers et brigadiers. Chacune de ces théories a lieu au moins une fois par semaine, et elle devient théorie pratique, principalement pour les sous-officiers et brigadiers, aussitôt que l'instructeur le juge convenable.

La *théorie* des sous-instructeurs a lieu séparément deux fois par mois.

Pendant le semestre d'été, les théories ne sont continuées que pour ceux à qui elles sont encore nécessaires.

L'instruction pratique est divisée en *travail d'hiver* et *travail d'été,* comprenant *l'instruction à pied* et *l'instruction à cheval.*

L'instruction à pied, de même que *l'instruction à cheval*, comprend *l'école du canonnier*, *l'école du peloton* et *l'école de l'escadron.*

L'instruction à cheval comprend de plus la *conduite des voitures.*

L'école du canonnier à pied et à cheval est divisée en trois leçons, et chaque leçon en deux parties.

L'école du peloton est divisée en trois articles.

L'école d'escadron est divisée en trois articles.

La *conduite des voitures* est divisée en deux leçons, et chaque leçon en deux parties.

Travail d'hiver.

Pendant le semestre d'hiver, le régiment est répart en trois classes.

La première est composée des sous-officiers, brigadiers et canonniers les plus instruits;

La deuxième est composée de ceux qui le sont moins.

La troisième est composée des recrues.

La première et la deuxième classe, tant à pied qu'à cheval, sont exercées à l'école du peloton.

La troisième classe est exercée à l'école du canonnier, et successivement à l'école du peloton.

Le travail d'hiver est spécialement consacré à l'instruction des troisième et deuxième classes; cependant les premières classes sont exercées autant que possible aux différents genres d'instruction.

Lorsque le temps ne permet pas de faire travailler dehors, les troisième et deuxième classes sont exercées au manége et à des instructions intérieures.

Les premières classes sont instruites, dans l'intérieur, à monter et à démonter toutes les parties de l'armement, de l'équipement et du harnachement; à bien connaître toutes les dénominations de chacune; à seller, garnir, brider et charger.

Les chevaux des maréchaux des logis chefs, des fourriers et des trompettes, ne peuvent, sous aucun prétexte, être dispensés de participer aux différentes classes d'instruction.

Les chevaux désignés pour la réforme de l'année sont affectés aux premières leçons des recrues.

Les chevaux qui n'ont pas travaillé aux différentes classes sont promenés en brindon au moins trois fois par semaine, et, autant que possible, ils sont tous sellés et montés.

Les chevaux de remonte qui n'ont que quatre ans, sont promenés en couverte et en brindon; ceux de cinq ans travaillent trois fois par semaine, et sont montés par des instructeurs et des sous-officiers, brigadiers et canonniers choisis à cet effet.

Pendant le semestre d'hiver, les lieutenants et sous-lieutenants montent ensemble au manége, une fois par semaine, sur leurs chevaux. Ceux qui ont besoin de se fortifier dans les instructions sont employés aux différentes classes.

Ils n'en sont pas moins astreints à travailler avec les autres officiers les jours où ils se réunissent.

Le peloton d'instruction est exercé au moins une fois par semaine en hiver et en été.

Travail d'été.

Les troisième et deuxième classes, tant à pied qu'à cheval, continuent les mêmes instructions que dans le semestre d'hiver.

Les premières classes sont exercées à l'école du peloton, puis réunies pour les manœuvres de l'école d'escadron, et enfin pour les évolutions du régiment à pied.

Aussitôt que le travail des premières classes commence, il est dirigé par les officiers des batteries en nombre suffisant.

Les sous-officiers, brigadiers ou canonniers qui se négligent dans les différents exercices, sont remis aux classes inférieures, ainsi que ceux qui reviennent de semestre ou qui ont une absence de plus d'un mois, si leur instruction l'exige.

Quand les escadrons de manœuvre sont réunis, le colonel doit, de temps à autre, faire commander les différentes reprises des évolutions par les officiers supérieurs, afin de juger du degré de leur instruction; il doit aussi, lorsque l'instruction est assez avancée, faire exercer par les officiers de divers grades un commandement supérieur à celui de leur emploi.

ARTICLE III.

GRADATION DE L'INSTRUCTION.

Recrues.

L'instructeur de l'homme de recrue commence par le travail à pied. La première semaine de son arrivée au régiment est employée exclusivement à l'instruction de tous les détails de discipline, de police et de service intérieur, ainsi que de ceux relatifs à la tenue du canonnier, et en outre au pansage du cheval pour les hommes montés.

On apprend à ces derniers à sauter à cheval à gauche et à droite.

On fait connaître à l'homme de recrue les principales parties de l'armement et de l'équipement, ainsi que les moyens de les tenir propres; la manière de rouler le manteau ou la capote, de plier les effets et de les placer dans le porte-manteau ou dans le havre-sac, de seller, trousser la queue, harnacher, etc.

Ces diverses instructions sont données par le brigadier de chambrée, sous la surveillance des sous-officiers et du lieutenant de semaine.

Les hommes de recrue, après ces huit jours, sont mis à la première leçon à pied; on continue à les instruire des détails ci-dessus mentionnés.

Ils sont exercés à pied, autant que possible, deux fois par jour, et chaque fois pendant deux heures; une demi-heure de ce temps est employée à leur enseigner les devoirs des hommes de garde.

Les hommes de recrue doivent, après six semaines ou deux mois au plus, être en état de monter la garde au quartier, et avoir par conséquent exécuté les trois leçons de l'école du canonnier à pied. Le capitaine instructeur en rend compte au chef d'escadron de semaine, qui prend les ordres du lieutenant-colonel.

Les hommes montés commencent alors leur instruction à cheval, et continuent en même temps l'instruction à pied; on a l'attention de leur donner des chevaux sages et bien dressés.

Les hommes non montés continuent l'instruction à pied.

L'école du peloton à pied doit toujours précéder l'école du peloton à cheval, et marche, à peu près, en même temps que la troisième leçon à cheval; de telle sorte que les hommes montés ont exécuté les trois articles de l'école du peloton à pied lorsqu'ils commencent le premier article à cheval.

Cet article terminé, les servants à cheval continuent l'école du peloton à cheval et l'instruction à pied (cette dernière plus rarement).

Récapitulation du temps nécessaire pour instruire un canonnier jusqu'à l'école du peloton à pied et à cheval, et conduite des voitures inclusivement.

A PIED.

Ecole du canonnier.

1re Leçon.	1re partie.	4 leçons.	12 leçons.
	2e *id.*	8 —	
2e Leçon.	1re partie.	6 leçons.	24 leçons.
	2e *id.*	18 —	
3e Leçon.	1re partie.	8 leçons.	14 leçons.
	2e *id.*	6 —	
		Total.	50 leçons.

Ecole du peloton à pied.

1er Article	8 leçons.	24 leçons.
2e *id*.	6 —	
3e *id*.	10 —	

Total. . 24 leçons.

(Cette récapitulation est donnée seulement pour le canonnier non monté.)

A CHEVAL.

Ecole du canonnier.

1re Leçon.	1re partie.	5 leçons.	20 leçons.
	2e *id*.	15 —	
2e Leçon.	1re partie.	20 leçons.	40 leçons.
	2e *id*.	20 —	
3e Leçon.	1re partie.	30 leçons.	45 leçons.
	2e *id*.	15 —	
		Total. . .	105 leçons.

Ecole du peloton.

1er Article	15 leçons.	40 leçons.
2e *id*.	10 —	
3e *id*.	15 —	

Total. . . 40 leçons.

Total général. . . . 145 leçons.

CONDUITE DES VOITURES.

1re Leçon.	1re partie.	2 leçons.	8 leçons.
	2e *id*.	6 —	
2e Leçon.	1re partie.	8 leçons.	20 leçons.
	2e *id*.	12 leçons.	
		Total. . . .	28 leçons.

Brigadiers.

Les brigadiers doivent savoir exécuter toutes les instructions des premières classes, et enseigner les trois leçons à pieds et la première leçon à cheval.

Nota. Les artificiers doivent posséder les mêmes connaissances pratiques et théoriques que les brigadiers autant que le permet la spécialité de leurs fonctions.

Sous-officiers.

Les sous-officiers doivent savoir exécuter toutes les instructions des premières classes, et pouvoir enseigner les trois leçons à pied et à cheval, et la conduite des voitures.

Ils doivent également connaître tous les détails du service, afin d'être en état de conduire leur troupe et de remplacer au besoin les chefs de peloton.

La théorie des sous-officiers doit embrasser *les bases de l'instruction, l'école du canonnier, l'école du peloton à pied et à cheval ; et la conduite des voitures.*

Le colonel choisit dans chaque batterie ceux des brigadiers et artificiers qu'il juge susceptibles d'être admis à la théorie des sous-officiers.

Officiers.

Les officiers, depuis le colonel jusqu'au sous-lieutenant, doivent être en état de commander, chacun en ce qui concerne son grade. Nul n'est réputé complétement instruit s'il ne sait, en outre, expliquer et exécuter tout ce qui est contenu dans la présente ordonnance.

La *théorie* des officiers doit comprendre tous les titres de cette ordonnance.

Tout officier arrivant au régiment pour la première fois doit être examiné par le lieutenant-colonel sur son instruction théorique et pratique.

Si les fautes commises aux exercices par un officier, quel que soit son grade, proviennent de négligence ou de défaut d'instruction, le commandant du régiment le fait immédiatement remplacer et passer en serre-file ; il peut même lui interdire les fonctions de son grade aux évolutions, jusqu'à ce qu'il soit en état de les mieux remplir.

Le colonel peut, s'il le juge à propos, dispenser de la *théorie* les officiers dont l'instruction est complète.

ARTICLE IV.

DÉFINITIONS ET PRINCIPES GÉNÉRAUX.

Une TROUPE se compose de rangs et de files.

Un RANG se compose de canonniers les uns à côté des autres.

Une FILE se compose de deux canonniers, l'un derrière l'autre.

CHEF-DE-FILE, est l'homme du premier rang d'une troupe, relativement à celui qui est placé derrière lui au deuxième rang.

SERRE-FILE, est un officier ou un sous-officier placé derrière le deuxième rang.

FRONT, est le devant d'une troupe, soit en bataille soit en colonne.

CENTRE, est le milieu d'une troupe.

AILE, est l'extrémité de droite ou de gauche d'une troupe en bataille.

FLANC, est le côté de droite ou de gauche d'une colonne.

HAUTEUR, s'entend du nombre de rangs dont une troupe est composée.

INTERVALLE, est l'espace vide entre deux troupes ou entre les fractions d'une troupe en bataille (1).

DISTANCE, espace vide d'une troupe à une autre en colonne, ou entre les rangs d'une même troupe, soit en colonne, soit en bataille.

La distance entre les rangs ouverts à cheval est de six pas (6 mètres), mesurés de la croupe des chevaux du

---

(1) Il s'entend plus particulièrement de l'espace que le escadrons d'un régiment en bataille doivent conserver entre eux.

Cet intervalle est de neuf pas trois quarts, mesuré entre le coude du maréchal des logis de la gauche d'un escadron (non compté dans le rang) et celui du maréchal des logis de la droite qui le suit en bataille.

premier rang à la tête des chevaux du deuxième; à pied, cette distance est de six pas (4 mètres).

Lorsque les rangs sont serrés, la distance à cheval est de deux tiers de mètre (2 pieds), comptés de la croupe des chevaux du premier rang à la tête de ceux du deuxième; à pied, elle n'est que d'un tiers de mètre (1 pied), mesuré de la poitrine du canonnier du deuxième rang au dos de son chef de file.

Lorsqu'une troupe est formée en colonne par pelotons, les distances sont mesurées, à pied et à cheval, des canonniers du premier rang aux canonniers d'un autre premier rang.

Profondeur, est l'espace compris entre la tête et la queue d'une colonne.

Alignement, est la disposition de plusieurs canonniers ou de plusieurs troupes sur une même ligne. On en distingue deux sortes : *l'alignement individuel* et *l'alignement par troupe*.

L'alignement individuel est celui de canonniers se plaçant les uns à côté des autres, dans une direction parallèle entre eux, et sans que l'un soit en avant ou en arrière de l'autre.

L'alignement par troupe est celui d'une troupe se portant sur le prolongement d'une ligne déjà occupée.

Toute troupe qui doit se former et s'aligner sur une autre, s'arrête à la hauteur des serre-files, parallèlement à la ligne de formation, pour se porter ensuite sur l'alignement de la troupe déjà formée.

Tout commandant d'une troupe se porte, pour l'aligner, du côté indiqué par le commandant : il en est de même si la troupe qu'il commande sert de base d'alignement à une autre troupe; mais le commandant de la troupe qui s'aligne sur une autre se porte du côté opposé pour l'aligner.

Peloton, se compose habituellement de douze files; il peut aussi être porté à seize.

Escadron, se compose de quatre pelotons.

Régiment dans l'ordre en bataille, se compose d'escadrons disposés sur une même ligne avec leurs intervalles. Il est dans **l'ordre naturel**, lorsque ces escadrons sont placés par ordre de numéros de la droite à la gauche.

Il est dans l'ordre inverse, lorsque ses premiers escadrons sont à la gauche de la ligne et ses derniers à la droite, ou lorsque les subdivisions de chaque escadron sont interverties entre elles.

On ne doit prendre cet ordre qu'autant que les circonstances l'exigent.

COLONNE, est la disposition d'une troupe dont les fractions sont les unes derrière les autres.

COLONNE DE ROUTE, est formée de canonniers par deux ou par quatre.

COLONNE AVEC DISTANCE, est formée de pelotons ayant entre eux la distance nécessaire pour se remettre en bataille dans tous les sens.

COLONNE SERRÉE, est formée d'escadrons avec douze pas (12 mètres), à cheval, et neuf pas trois quarts (6,50 mètres), à pied, de distance d'un escadron à l'autre; cette distance a pour objet de donner le moins de profondeur possible à la colonne.

La colonne A LA DROITE EN TÊTE lorsque ses fractions sont disposées par ordre de numéros, de la tête à la queue.

La colonne A LA GAUCHE EN TÊTE lorsque ses dernières fractions, par ordre de numéros, se trouvent les premières.

POINTS FIXES OU DE DIRECTION, servent à indiquer la direction dans laquelle on veut faire marcher une troupe en bataille ou en colonne, ou bien à établir la droite et la gauche d'une ligne.

POINTS INTERMÉDIAIRES, sont ceux pris entre des points fixes. Ils servent à maintenir une troupe pendant sa marche dans la direction indiquée, ou bien à assurer la rectitude de la formation des lignes.

GUIDES GÉNÉRAUX, sont les deux sous-officiers servant à marquer, dans la formation d'un régiment, les points où sa droite et sa gauche doivent s'appuyer.

Ils sont choisis dans le premier et le dernier escadron, et sont à la disposition des adjudants-majors par le tracé des lignes.

GUIDES PRINCIPAUX, sont les sous-officiers servant à marquer les points intermédiaires dans la formation en bataille.

Les sous-officiers serre-files des premier et quatrième pelotons sont les guides principaux de leurs escadrons respectifs.

GUIDES PARTICULIERS, sont les sous-officiers qui se portent sur la ligne de formation pour marquer l'encadrement de leurs escadrons à mesure qu'ils y arrivent.

Les deux sous-officiers des ailes non comptés dans le rang sont les guides particuliers de leurs escadrons respectifs.

GUIDE DE LA MARCHE EN BATAILLE, est le sous-officier serre-file de l'une des ailes qui, dans la marche en bataille, remplace au premier rang le guide particulier, lorsque celui-ci se porte sur l'alignement des officiers pour assurer la direction de la marche, en servant de point intermédiaire.

GUIDE DE COLONNE, est l'homme de l'une des ailes du premier rang d'une troupe en colonne; il est chargé de la direction de la marche.

Le guide est toujours à gauche lorsque la droite est en tête et il est à droite lorsque la gauche est en tête : les exceptions à cette règle générale sont indiquées au titre des évolutions.

Dans la marche oblique, le guide est du côté vers lequel on oblique; et lorsqu'après avoir obliqué l'on rentre dans la direction primitive, le guide se reprend où il était précédemment.

CONVERSION, s'entend du mouvement circulaire exécuté par un canonnier ou par une troupe revenant au point de départ.

Lorsqu'une troupe exécute une conversion, elle tourne sur l'une de ses ailes, chacun des canonniers qui la composent décrit un cercle plus ou moins grand en raison de son éloignement du point central.

DEMI-TOUR, est une demi-conversion.

A-DROITE OU A-GAUCHE, est un quart de conversion.

DEMI-A-DROITE OU DEMI-A-GAUCHE, est le huitième de la conversion.

QUART D'A-DROITE OU QUART D'A-GAUCHE, est le seizième de la conversion.

PIVOT, est le canonnier placé au premier rang de l'aile sur laquelle on converse. On en distingue deux sortes, le *pivot fixe* et le *pivot mouvant*.

Le pivot est *fixe* toutes les fois qu'il tourne sur lui-même; il est *mouvant* lorsqu'il décrit un arc de cercle plus ou moins grand.

L'arc de cercle décrit par le pivot d'un rang de deux,

de quatre, de huit, ou par le pivot d'un peloton exécutant un quart de conversion, est de cinq pas (5 mètres), à cheval, ou trois mètres un tiers, à pied ; et pour un escadron, il est de vingt pas (20 mètres ou 13 mètres 1/3).

Déboîtement exprime le commencement d'un mouvement de conversion, exécuté par les fractions d'un escadron dont les ailes marchantes se séparent du pivot de la fraction qui les avoisine.

Emboîtement exprime la fin d'un mouvement de conversion, exécuté par les fractions d'un escadron pour se mettre en bataille, quand l'aile marchante de chaque fraction se réunit au pivot de celle qui la précède.

Ploiement, est le mouvement par lequel un régiment quitte l'ordre en bataille pour prendre l'ordre en colonne serrée.

Déploiement, est le mouvement par lequel un régiment quitte l'ordre en colonne serrée pour prendre l'ordre en bataille.

Formation, est le placement régulier de toutes les fractions d'une troupe, soit dans l'ordre en bataille, soit dans l'ordre en colonne.

Pas et allures : on distingue deux espèces de pas, le *pas ordinaire* et le *pas accéléré*. On distingue trois espèces d'allures, le *pas*, le *trot* et le *galop*.

A pied, les mouvements s'exécutent habituellement au *pas accéléré* sans que le commandement en soit fait. Quand on veut les exécuter au *pas ordinaire*, le commandant doit l'indiquer.

A cheval, lorsque le commandant n'indique pas l'allure, le mouvement se fait toujours *au pas*, si la troupe est de pied ferme; et si elle est en marche, il se fait à l'allure à laquelle elle marchait précédemment.

Le pas, considéré comme mesure, se compose, à pied, à raison de deux tiers de mètre (2 pieds) ; le pas en arrière est d'un tiers de mètre (1 pied).

A cheval, il est d'un mètre (3 pieds).

A pied, la vitesse du pas ordinaire est de soixante-seize à la minute ; celle du pas accéléré est de cent pas.

L'étendue du terrain qu'un cheval non attelé peut parcourir aux différentes allures varie en raison de sa conformation; mais on peut calculer généralement qu'un cheval parcourt à chaque pas quatre-vingt-trois centimètres (2 pieds 8 pouces) ; à chaque temps de trot, cent vingt centimètres (3 pieds 8 pouces) : d'où il résulte qu'un cheval doit parcourir au pas, dans une minute, cent mètres (50 toises) ; au trot, deux cent quarante mètres (120 toises), et au galop, 300 mètres (150 toises).

MARCHE DIRECTE, est celle qui s'exécute par une troupe en ligne ou en colonne, pour se porter en avant perpendiculairement à son front.

MARCHE DE FLANC, est celle par laquelle on gagne du terrain vers sa droite ou vers sa gauche, après avoir exécuté un quart de conversion.

LA MARCHE DIAGONALE n'est ainsi nommée que par rapport au front d'où l'on part, en changeant de direction par un *demi-à-droite* (ou un *demi-à-gauche*), pour arriver à un point déterminé vers la droite ou vers la gauche.

MARCHE OBLIQUE, est celle par laquelle on se porte en avant, en gagnant du terrain vers l'un de ses flancs sans changer de front. On en distingue deux sortes : la *marche oblique individuelle*, et la *marche oblique par troupe*.

LA MARCHE OBLIQUE INDIVIDUELLE est celle qui s'exécute par un mouvement particulier de chaque canonnier.

LA MARCHE OBLIQUE PAR TROUPE est celle qui s'exécute par un mouvement d'ensemble de chacune des subdivisions d'une troupe en bataille.

MARCHE CIRCULAIRE, est celle qu'on exécute en décrivant un cercle ou une portion de cercle.

CONTRE-MARCHE, est un mouvement par lequel les canonniers des deux rangs, après avoir fait successivement un *à-droite* ou un *à-gauche*, viennent se reformer, face en arrière, parallèlement à la première formation.

OBSTACLE, s'entend d'un accident de terrain qui oblige une troupe en bataille à ployer une partie de son front.

DÉFILÉ, s'entend de tout passage qui oblige une troupe en bataille à se ployer en colonne, ou une troupe en colonne à diminuer son front.

ÉVOLUTIONS, sont les mouvements réguliers par lesquels un régiment passe d'un ordre à un autre.

COMMANDEMENT. On en distingue trois sortes :

Le commandement d'*avertissement*, qui est GARDE A VOUS ; il sert de signal pour prendre l'immobilité et prêter attention.

Le commandement *préparatoire*; il indique le mouvement qui va se faire.

Le commandement d'*exécution*, qui est MARCHE ou HALTE.

Le ton de commandement doit être animé, distinct, et d'une étendue de voix proportionnée à la troupe que l'on commande.

On prononce le commandement GARDE À VOUS dans le haut de la voix et en appuyant sur la dernière syllabe.

Les commandements d'*exécution* sont prononcées d'un ton plus ferme que les commandements *préparatoires*. On les prolonge, parce que, le mouvement qui doit les suivre se communiquant de l'homme à cheval, on évite par là toute espèce de saccade et d'à-coup.

Pour quelques mouvements, ainsi que pour l'instruction de détail, il y a des commandements et des finales de commandements qui déterminent une exécution; on leur applique ce qui est prescrit pour les commandements d'exécution

Dans l'exercice à pied et le maniement des armes, la partie du commandement qui détermine l'exécution doit être prononcée d'un ton ferme et bref.

Les commandements d'avertissement et préparatoires sont distingués par des lettres *italiques;* ceux d'exécution par des lettres *majuscules*.

Les commandements préparatoires qui, par leur longueur, deviennent difficiles à être prononcés de suite, doivent être coupés en deux ou trois parties, en observant une progression ascendante dans le ton de commandement, mais toujours de manière que celui d'exécution soit plus énergique et plus élevé. (*Les coupures sont indiquées par des tirets* =.) On ne prononce pas les parties des commandements placées entre deux parenthèses.

TEMPS, en instruction de détail, est une action d'exercice qui s'exécute à un commandement ou partie de commandement, et qui se divise en *mouvements*, pour en démontrer le mécanisme et en faciliter l'exécution.

SONNERIES, sont les signaux de trompette indiquant à la troupe les mouvements ou les détails de service qu'elle doit exécuter.

ARTICLE V.

SONNERIE (*ordre de cavalerie*).

1. La générale.
2. Le boute-selle.
3. Le boute-charge.
4. A cheval.
5. L'appel.
6. L'assemblée.
7. A l'étendard.
8. La marche (*Elle sert aussi pour la marche à pied au pas accéléré*).
9. Le ralliement.
10. Le réveil.
11. Le repas des chevaux.
12. Le pansage.
13. L'abreuvoir (*On sonne un demi-appel*).
14. La soupe.
15. Le rassemblement de la garde.
16. Le ban.
17. La fermeture du ban.
18. A l'ordre.
19. A l'ordre pour les maréchaux des logis chefs.
20. A l'ordre pour les fourriers.
21. La réunion des trompettes.
22. La retraite.
23. Pour éteindre les feux.
24. Appel des consignés.
25. Les corvées.
26. Les distributions.
27. L'instruction.
28. Le rassemblement du régiment à pied. (*On sonne quatre appels*).
29. Le pas ordinaire.

Pour les manœuvres.

1. En avant.
2. Halte.
3. Au pas.
4. Au trot.
5. A gauche.
6. A droite.
7. Demi-tour à gauche.

8. Ralliement.
9. Montez sur les coffrets. (*On sonne un demi-appel*).

ARTICLE VI.

RASSEMBLEMENT D'UN RÉGIMENT D'ARTILLERIE A PIED.

Lorsqu'un régiment doit prendre les armes à pied, on fait sonner quatre appels consécutifs ; à ce signal, les canonniers sont réunis par pièces, par le maréchal des logis chef, et inspectés par les officiers de la batterie.

Les chefs d'escadrons, après avoir reçu les rapports des capitaines commandants de leurs batteries, font leur rapport au lieutenant-colonel ; semblables rapports sont rendus par les maréchaux des logis chefs à l'adjudant sous-officier de semaine, qui les transmet à l'adjudant-major de semaine, lequel les rend au lieutenant-colonel.

Le lieutenant-colonel ayant reçu ces différents rapports, et s'étant assuré que toutes les inspections ont été passées, donne ses ordres à l'officier supérieur de semaine pour faire sonner l'*assemblée* et réunir et former le régiment.

Après la réunion du régiment, il en passe l'inspection, et, à l'arrivée du colonel, il lui fait son rapport et prend ses ordres.

Le colonel détache la troupe qui doit aller chercher l'étendard.

Si l'étendard est trop éloigné du lieu de rassemblement, le lieutenant-colonel en détache l'escorte avant l'arrivée du colonel.

Dans les camps, ou lorsque le colonel loge dans le quartier, le porte-étendard va prendre l'étendard escorté seulement de deux maréchaux des logis.

Formation d'un régiment d'artillerie en bataille à pied et disposé pour une inspection du colonel.

(*Pl. 1re.*)

Le régiment est partagé par batteries, distinguées par la dénomination de première, deuxième, troisième, etc.; elles sont formées sur deux rangs et sur la même ligne, dans l'ordre de ces numéros, en commençant par la droite à six pas (4 mètres) d'intervalle.

Chaque batterie est formée par rang de taille, les canonniers servants à la droite, les canonniers conducteurs à la gauche, et les plus grands au premier rang.

Les brigadiers sont placés aux deux ailes de leur batterie respective, dans les batteries à cheval; les brigadiers non montés aux ailes des canonniers servants, et les brigadiers montés aux ailes des conducteurs, dans les autres batteries (1).

Le capitaine commandant est placé au centre de la batterie, et à un pas (2/3 de mètre) en avant du premier rang.

Le premier et le deuxième lieutenant sont placés à droite et à gauche du capitaine commandant, au milieu de la portion de troupe comprise entre le centre et chacune des ailes de la batterie, sur l'alignement du capitaine commandant.

Le premier et le deuxième maréchal des logis sont placés à la droite et à la gauche du premier rang de la batterie; ils ne comptent pas dans le rang.

Les autres sous-officiers en serre-file sont placés par ancienneté, et à des intervalles égaux, de la droite à la gauche, à un pas (2/3 de mètre) en arrière du deuxième rang (2).

---

(1) Si le régiment est disposé pour une revue d'effectif, les brigadiers et canonniers sont placés par grade et leur rang de contrôle.

(2) Pour porter le régiment d'un point à un autre, le colonel, après avoir fait compter par quatre dans chaque batterie, fait rompre par quatre, ce qui s'exécute conformément aux principes prescrits pour le régiment de manœuvre.

La formation d'une batterie est applicable aux compagnies du bataillon de pontonniers et aux compagnies d'ouvriers.

Le bataillon de pontonniers sera également disposé pour une inspection comme le régiment d'artillerie.

Place des officiers, sous-officiers de l'état-major d'un régiment en bataille à pied, et disposé pour une inspection.

Le colonel, le lieutenant-colonel, les officiers, sous-officiers de l'état-major sont aux places indiquées dans la formation d'un régiment de manœuvre : le premier chef d'escadron au centre des première et deuxième batteries ; le deuxième au centre des troisième et quatrième, etc., sur l'alignement du lieutenant-colonel et du major.

Le porte-étendard est placé à l'avant-dernière file de gauche de la sixième batterie, entre deux maréchaux des logis, comptant ainsi que lui dans le rang.

Le capitaine d'habillement est placé au centre du peloton hors rang, sur l'alignement des capitaines commandants.

Les trompettes, formés sur deux rangs, sont placés leur gauche à deux pas (1 mètre 1/3) de l'adjudant-major de droite, sur l'alignement du premier rang. Ils se portent à cinquante pas en avant du centre du régiment, s'ils doivent exécuter des fanfares.

ARTICLE VII.

RASSEMBLEMENT D'UN RÉGIMENT D'ARTILLERIE AVEC SES CHEVAUX.

Quand un régiment doit être réuni avec ses chevaux, on sonne le *boute-selle ;* à ce signal, on selle.

Lorsqu'on sonne le *boute-charge*, on charge et l'on bride; les canonniers tiennent leurs chevaux prêts à sortir de l'écurie.

Quand on sonne *à cheval*, l'officier de semaine et les maréchaux des logis les font sortir.

Las canonniers sont réunis, inspectés, et les rapports rendus comme il est prescrit.

En cas d'alerte ou de surprise, comme il s'agit de se mettre sous les armes le plus tôt possible, on sonne à cheval; alors le canonnier selle, charge, bride et monte à cheval avec la plus grande célérité, pour se rendre au lieu du rassemblement, qui est toujours déterminé d'avance.

Formation d'un régiment d'artillerie en bataille avec ses chevaux, et disposé pour une inspection.

(*Pl. II*, fig. A.)

Les batteries sont formées sur deux lignes parallèles, dans l'ordre de leur numéro, et à douze pas (12 mètres) d'intervalle.

En première ligne sont les canonniers servants; en seconde ligne, les canonniers conducteurs; la deuxième ligne à vingt pas (20 mètres) de la première, distance comptée d'un premier rang à l'autre.

Les canonniers servants sont formés sur deux rangs, les canonniers conducteurs sur un seul (1), tous par pièce. Les lignes se correspondent de centre en centre.

Les canonniers conducteurs conservent deux tiers de mètre de distance entre leurs sous-verges et le porteur placé à leur droite.

Les conducteurs non montés sont réunis en un seul peloton à la gauche des servants.

Le premier rang des servants non montés s'aligne sur le premier rang des servants à cheval.

Le capitaine commandant est placé au centre de la première ligne, la croupe de son cheval à deux pas (2 mètres) en avant de la tête des chevaux du premier rang, dans les batteries à cheval; à trois pas (3 mètres) en avant du premier rang, dans les batteries montées.

Le premier et le deuxième lieutenant sont placés au centre et en avant des demi-batteries de la deuxième ligne, la croupe de leurs chevaux à un pas (1 mètre) en avant de la tête des chevaux et des conducteurs.

Le maréchal des logis chef et le fourrier sont placés en serre-file derrière la première ligne. Dans les batteries à cheval, le maréchal des logis chef est placé au centre du peloton des servants, la tête de son cheval à un pas (1 mètre) de la croupe du deuxième rang. Le fourrier sur le même alignement, au centre du peloton des hommes non montés. Dans les batteries à pied mon-

(1) Si les batteries ont un plus grand nombre de chevaux que celui fixé par le pied de paix, on pourra disposer les canonniers sur deux lignes, par demi-batteries.

tées, ces deux sous-officiers sont placés au centre des demi-batteries, sur l'alignement des serre-files des batteries à cheval, à environ cinq pas (5 mètres) du deuxième rang des hommes à pied.

Les maréchaux des logis, dans les batteries à cheval, sont placés au centre des canonniers conducteurs de leurs pièces, sur l'alignement des lieutenants. Dans les batteries montées, les maréchaux des logis montés sont placés comme dans les batteries à cheval; ceux non montés, en serre-files, derrière leurs pièces.

Les brigadiers montés ou non montés sont à la droite de leurs pièces respectives, en première ou en deuxième ligne.

Les officiers et sous-officiers de l'état-major, les trompettes, etc., sont placés comme dans la formation du régiment de manœuvre, avec les modifications suivantes.

Le porte-étendard est au milieu de l'intervalle des sixième et septième batteries, sur l'alignement des chevaux de la première ligne; il est escorté de quatre maréchaux des logis et d'un brigadier, tous montés; ils sont formés sur deux rangs, le brigadier derrière le porte-étendard.

Le trésorier, l'adjoint au trésorier, les chirurgiens, le chef artificier et les vétérinaires sont placés sur un seul rang, en arrière des trompettes, à la hauteur de la deuxième ligne.

ARTICLE VIII.

DISPOSITIONS PARTICULIÈRES POUR LES REVUES OU INSPECTIONS DES OFFICIERS GÉNÉRAUX.

Dans une revue ou inspection, le lieutenant-colonel et le major se rapprochent du premier rang et se placent sur la ligne des officiers.

Le premier chef d'escadron se place sur la même ligne, à la gauche et à un pas du lieutenant-colonel.

Le deuxième chef d'escadron sur le même alignement, à un pas de la droite du premier des escadrons qu'il commande, si le régiment est formé par escadron de manœuvre, ou de la droite de la troisième batterie, dans les autres cas de formation.

Les autres chefs d'escadrons se placent de même à la droite de leur premier escadron ou de leur première batterie.

Le colonel, après avoir fait porter les armes et commandé l'alignement, ordonne aux trompettes de sonner, et se rend vivement au-devant de la personne à qui on rend les honneurs, salue du sabre et reste à portée de recevoir ses ordres; en l'accompagnant dans sa revue, il lui cède toujours le côté de la troupe.

Lorsqu'on fait ouvrir les rangs, les officiers supérieurs et autres font face à la troupe, à six pas du premier rang (4 mètres à pied, 6 à cheval). A cet effet, ils se portent en avant et font, à pied, *demi-tour à droite;* à cheval, *demi-tour à gauche*. Les serre-files reculent également, de manière à se trouver à six pas du deuxième rang (4 mètres à pied, 6 à cheval.

L'inspection finie, lorsqu'on fait serrer les rangs, tous les officiers se remettent face en tête par un *demi-tour à droite.*

Formation de la troupe d'escorte de l'étendard.

(*Pl. II*, fig. *B.*)

Les batteries d'un régiment, en commençant par la première, fournissent tour à tour l'escorte de l'étendard.

Elle est composée de deux pelotons.

Lorsque les pelotons sont formés de canonniers montés, ils ont le sabre à la main.

Les trompettes, formés par quatre et conduits par un adjudant, marchent à dix pas en avant du premier peloton.

Les pelotons marchent par quatre.

Le porte-étendard marche derrière les quatre dernières files du premier peloton, entre deux maréchaux des logis.

Le capitaine marche à quatre pas du flanc gauche, à hauteur du porte-étendard.

Ce détachement, arrivé sans bruit de trompettes, au lieu où est l'étendard, y est formé en bataille.

L'adjudant porte-étendard va chercher l'étendard.

Réception de l'étendard.

Dès que l'étendard paraît, le capitaine fait présenter les armes, les trompettes sonnent *à l'étendard.*

Après deux reprises de cette sonnerie, le capitaine fait porter les armes et rompre pour se remettre en marche, dans le même ordre où l'on est venu; les trompettes sonnent *la marche.*

Lorsque l'étendard arrive, le colonel fait porter les armes; les trompettes cessent de sonner, et vont prendre, ainsi que l'escorte, leur place de bataille en passant derrière le régiment.

Le porte-étendard, accompagné de deux maréchaux des logis, se dirige vers le centre du régiment, parallèlement au front, et s'arrête devant le colonel, faisant face au régiment; le colonel fait alors présenter les armes et sonner *à l'étendard;* il salue du sabre. Le porte-étendard se rend ensuite à sa place de bataille, et le colonel fait porter les armes.

Les officiers supérieurs saluent du sabre lorsque l'étendard passe devant eux.

L'étendard reçoit à son départ les mêmes honneurs qu'à son arrivée, et il est reconduit au logement du colonel dans l'ordre prescrit ci-dessus.

A cheval, l'escorte est composée de la même manière, et l'étendard reçoit les mêmes honneurs.

Salut de l'étendard.

Lorsque l'étendard doit rendre les honneurs, le porte-étendard salue de la manière suivante, en deux temps:

1. A quatre pas de la personne qu'on doit saluer, baisser doucement la lance en avant, en se rapprochant le plus possible de la ligne horizontale;

2. Relever doucement la lance lorsque la personne que l'on a saluée est dépassée de quatre pas.

Salut du sabre.

Lorsque les officiers supérieurs et officiers doivent saluer, soit à cheval, soit à pied, de pied ferme ou en marchant, ils le font en quatre temps.

1. A quatre pas de la personne qu'on doit saluer,

élever le sabre perpendiculairement, la pointe en haut, le tranchant à gauche, la poignée vis-à-vis et à trente-trois centimètres (1 pied) de l'épaule droite, le coude à seize centimètres (6 pouces) du corps.

2. Baisser la lame en étendant le bras de toute sa longueur, les ongles en dessus, jusqu'à ce que la pointe du sabre se trouve vers le pied.

3. Relever vivement le sabre, la pointe en haut, comme au premier temps, lorsque la personne qu'on a saluée est dépassée de quatre pas.

4. Porter le sabre à l'épaule.

TITRE II.

INSTRUCTION A PIED.

BASES PARTICULIÈRES DE L'INSTRUCTION.

L'instruction à pied de l'homme de recrue doit commencer par la connaissance des principales parties de l'armement, de l'équipement et des moyens de les entretenir.

On doit y joindre la manière de plier les effets, de les placer dans le sac, de rouler la capote, ainsi que l'ordre suivant lequel on doit démonter et remonter le mousqueton et le pistolet.

Manière de plier les effets et de les placer dans le sac.

1° Le pantalon d'ordonnance plié et roulé de la longueur du sac, au fond.

2° Les chemises roulées en porte-manteau.

3° Les guêtres blanches ou celles en cuir.

4° L'aigrette, le cordon, le livret, le col, la calotte de coton, les mouchoirs pliés de la longueur du sac.

5° Les souliers placés dans la largeur du sac, les semelles en dessus.

6° Les effets de petite monture répartis dans les coins.

7° Le linge sale dans la devanture du sac.
8° Le bonnet de police sous la devanture.
9° La capote ou l'habit, avec les épaulettes, roulés dans l'étui et placé sur le sac (1).

Manière de rouler l'habit.

Placer l'habit déplié dans son entier, la doublure en dessous; rabattre le collet, les manches à plat pliées en deux près du coude; relever les basques, plier les côtés en ramenant en dedans l'extrémité supérieure du plastron; rouler l'habit dans le sens de sa longueur, le mettre ainsi dans l'étui; placer les épaulettes aux extrémités de l'étui, le corps engagé dans les plis de l'habit, la frange en dehors, les rondelles par-dessus.

Manière de rouler la capote pour la mettre dans l'étui.

Plier la capote en deux, la doublure en dedans; la replier de nouveau de chaque côté, de manière à obtenir la longueur du sac; étendre la manche supérieure en long, entre les plis formés; rabattre le haut de la capote, de manière à ramener en dessus la manche inférieure; plier cette manche en deux sur le collet, dans le sens de la largeur de la capote; rouler le tout fortement, en commençant par le haut; mettre la capote ainsi roulée dans l'étui, les rondelles sur les bouts.

Manière de rouler la capote pour la porter en bandoulière.

Déplier entièrement la capote, la doublure en dessous; détrousser les parements des manches, qu'on étend jusqu'au bord des côtés; retrousser le bas de la capote, le pli dépassant la fente et se terminant en pointe à chaque extrémité; rabattre de même le collet jusqu'à la doublure des manches; rouler ainsi fortement la capote, en commençant par le collet. La capote roulée, la doubler sur elle-même, en réunissant les deux bouts, dont on ra-

(1) Lorsque le canonnier est en habit, la veste pliée et roulée, d'une manière analogue à l'habit, se met dans le sac sur les mouchoirs, les souliers par-dessus.

bat les extrémités en dedans, l'une contre l'autre, et que l'on fixe avec une petite courroie (1).

ÉCOLE DU CANONNIER A PIED.

1. Cette école ayant pour objet l'instruction individuelle et progressive des recrues, l'instructeur ne fait jamais exécuter un mouvement avant d'en avoir donné l'explication littérale, et il exécute le mouvement qu'il commande, afin de joindre l'exemple au précepte. Il accoutume l'homme de recrue à prendre de lui-même la position démontrée; ne le touche, pour la rectifier, que lorsque son défaut d'intelligence l'exige, et veille à ce que tous les mouvements soient exécutés avec calme et sans précipitation.

Chacun des mouvements doit être parfaitement compris avant de passer à un autre. Lorsqu'ils ont été exécutés, en suivant la série indiquée dans chaque leçon, l'instructeur ne s'astreint plus à cet ordre; il doit au contraire l'intervertir, pour juger de l'intelligence des canonniers.

---

(1) Lorsque, par mesure exceptionnelle, la tenue aura été ordonnée en veste, le sac au dos, l'habit étant dans l'étui, on mettra la capote en couronne sur le sac.

Manière de rouler la capote pour la mettre en couronne sur le sac.

Rouler la capote comme pour la porter en bandoulière; la capote roulée, la doubler sur elle-même, en réunissant les deux bouts que l'on fixe au moyen d'une petite courroie, après en avoir rabattu les extrémités en dedans de la quantité convenable, pour que la couronne embrassant l'étui dépasse le moins possible les côtés du sac. Placer la couronne ainsi formée autour de l'étui, de manière que la courroie qui réunit les deux bouts de la capote corresponde à l'épaule gauche du canonnier, et la maintenir au moyen de la grande courroie du sac, bouclée du haut en bas, qui doit embrasser le rouleau intérieur de la capote.

2. L'instructeur fait toujours reposer à la fin de chaque partie des leçons, et plus souvent s'il le juge nécessaire, surtout dans le commencement ; à cet effet, il commande : REPOS.

Au commandement REPOS, le canonnier n'est plus tenu à garder l'immobilité ni à rester en place.

Si l'instructeur ne veut que soulager l'attention du canonnier, il commande : *en place* = REPOS.

A la dernière partie du commandement, qui est REPOS, le canonnier n'est plus tenu à garder l'immobilité, mais il conserve toujours l'un ou l'autre pied en place.

3. Lorsque l'instructeur veut faire recommencer le travail, il commande : GARDE A VOUS.

A ce commandement, le canonnier prend sa position, l'immobilité, et fixe son attention.

PREMIÈRE LEÇON.

PREMIÈRE PARTIE.	DEUXIÈME PARTIE.
Position du canonnier à pied.	Pas ordinaire.
Tête à droite, tête à gauche.	Marquer le pas.
A droite, à gauche.	Changer le pas.
Demi-tour à droite.	A droite ou à gauche en marchant.
Quart d'à-droite.	Quart d'à-droite ou quart d'à-gauche en marchant.
Quart d'à-gauche.	Pas accéléré.
	Pas en arrière.

PREMIÈRE PARTIE

Les premiers principes de la position et ceux de la marche sont donnés, autant que possible, homme par homme, ou au plus à quatre canonniers à la fois. Dans ce dernier cas, ils sont placés sur la même ligne, à un mètre l'un de l'autre, sans exiger qu'ils s'alignent entre eux. Le canonnier est en veste et bonnet de police.

Position du canonnier à pied.

4. Les talons sur la même ligne et rapprochés autant que la conformation de l'homme le permet;

Les pieds un peu moins ouverts que l'équerre, également tournés en dehors;

Les jarrets tendus sans les roidir;

Le corps d'aplomb sur les hanches et un peu penché en avant;

Les épaules effacées et également tombantes;

Les coudes près du corps;

La paume de la main un peu tournée en dehors, le petit doigt le long de la couture du pantalon;

La tête droite sans être gênée;

Le menton rapproché du col sans le couvrir;

Les yeux fixés droit devant soi.

Quand le canonnier est en armes, il a la main gauche pendante sur le côté, par-dessus le sabre.

5. *Les talons sur la même ligne :* parce que, s'il y en avait un plus reculé que l'autre, l'épaule du même côté serait en arrière.

Les pieds un peu moins ouverts que l'équerre : parce que, si les pieds étaient trop tournés en dehors, le haut du corps ne pourrait être porté en avant sans que la position devînt chancelante.

Également tournés en dehors : parce que, si un pied était plus en dehors que l'autre, l'épaule du même côté serait en arrière.

Les jarrets tendus sans les roidir : parce que, si l'homme les roidissait, il en résulterait de la gêne et de la fatigue.

Le corps d'aplomb sur les hanches : parce que c'est le seul moyen de donner à l'homme un parfait équilibre. (L'instructeur doit observer que la plupart des recrues ont la mauvaise habitude de pencher une épaule, de creuser un côté ou d'avancer une hanche.)

Le haut du corps un peu penché en avant : parce que les hommes de recrue ont l'habitude de creuser les reins, d'avancer le ventre et de renverser les épaules. Il est essentiel de prévenir ce vice de position ou de le détruire car il met le canonnier hors de son aplomb.

Pour s'assurer qu'un canonnier a le haut du corps bien

placé, il faut appuyer le doigt contre la poitrine; si sa position est bonne, il résiste à la pression.)

Les épaules effacées : parce que, si l'homme avait les épaules en avant et le dos voûté, défauts ordinaires de la plupart des recrues, il ne pourrait ni s'aligner ni manier son arme avec facilité. (Il faut observer soigneusement, en faisant effacer les épaules, de ne pas les jeter trop en arrière, ce qui ferait creuser les reins.)

Les coudes près du corps et la paume de la main un peu tournée en dehors : parce qu'il importe, soit pour la perfection du port d'armes, soit pour n'occuper dans le rang que l'espace nécessaire au maniement des armes, que le canonnier ait les coudes bien placés. Cette position des coudes et des mains remplit l'un et l'autre objet, et a de plus l'avantage de faire effacer les épaules.

La tête droite sans être gênée : parce que, si elle penchait elle ferait abaisser les épaules du même côté, et que s'il y avait de la roideur, elle se communiquerait à toute la partie supérieure du corps, dont elle génerait les mouvements.

Les yeux fixés droit devant soi : parce qu'en tournant les yeux on finit par tourner la tête du même côté; la tête directe étant le plus sûr moyen de maintenir les épaules carrément, on ne peut trop s'attacher à donner aux canonniers l'habitude de cette position.

Tête à droite, tête à gauche.

6. L'instructeur commande :

1. *Tête* = (à) DROITE.
2. FIXE.

A la dernière partie du premier commandement, qui est DROITE, tourner doucement la tête à droite de manière que le coin de l'œil gauche, du côté du nez, corresponde à la ligne des boutons de la veste. Au commandement FIXE, replacer doucement la tête directe.

7. Le mouvement *tête à gauche* s'exécute suivant les mêmes principes, et par les moyens inverses, aux commandements :

1. *Tête* = (à) GAUCHE.
2. FIXE.

8. L'instructeur veille à ce que les mouvements de la tête n'entraînent pas les épaules, ce qui pourrait arriver si on brusquait le mouvement ou si on tournait la tête plus qu'il n'est indiqué.

Le canonnier ne devant tourner la tête que pour s'aligner et dans les mouvements de conversion, il importe de l'habituer à ne la tourner que fort peu.

A droite, à gauche, demi-tour à droite, quart d'à-droite, quart d'à-gauche.

9. L'instructeur commande :

1. *Canonnier, à droite* (ou *à gauche*).
2. (à) DROITE (ou [à] GAUCHE.)

1 temps.

Au deuxième commandement, qui est DROITE (ou GAUCHE), soulever légèrement le pied droit; tourner sur le talon gauche, en élevant un peu la pointe du pied, et replacer de suite le talon droit à côté du gauche et sur la même ligne.

10. CANONNIER, DEMI-TOUR = (à) DROITE.

2 temps.

1. A la première partie du commandement, qui est CANONNIER, DEMI-TOUR, faire un *demi-à-droite* sur le talon gauche, en portant le pied droit en équerre derrière le gauche, le cou-de-pied droit vis-à-vis et à huit centimètres du talon.

2. A la dernière partie du commandement, qui est DROITE, tourner sur les deux talons pour faire face en arrière, en élevant un peu la pointe des pieds, les jarrets tendus, et rapporter le pied droit à côté du gauche.

11. 1. *Canonnier, oblique à droite* (ou *à gauche*).
2. (à) DROITE (ou [à] GAUCHE.)

1. temps.

Au deuxième commandement, qui est DROITE (ou GAUCHE), soulever légèrement le pied droit; tourner sur le talon gauche, en élevant un peu la pointe du pied, et replacer de suite le talon droit à côté du gauche et sur la même ligne, ayant l'attention de n'exécuter qu'un *quart d'à-droite* ou un *quart d'à-gauche*.

12. L'instructeur exige que ces mouvements ne dérangent pas la position du corps.

DEUXIÈME PARTIE.

Pas ordinaire.

13. La longueur du pas ordinaire est de soixante-cinq centimètres, mesurés d'un talon à l'autre ; sa vitesse est de soixante-seize par minute.

14. Pour expliquer les principes et le mécanisme du pas, l'instructeur se place à huit ou dix pas en avant, faisant face au canonnier ; lui-même exécute le pas.

Il commande :

1. *Canonnier*, *en avant*.
2. MARCHE.

Au commandement *canonnier en avant*, porter le poids du corps sur la jambe droite.

Au commandement MARCHE, porter vivement et sans secousse le pied gauche en avant, à soixante-cinq centimètres du droit, le jarret tendu, la pointe du pied un peu baissée, légèrement tournée en dehors ainsi que le genou, le haut du corps en avant ; marquer dans cette position un léger temps d'arrêt ; poser, sans frapper, le pied gauche à plat, précisément à la distance où il se trouve du pied droit, tout le poids du corps se portant sur le pied qui pose à terre ; passer vivement et sans secousse la jambe droite en avant, le pied près de terre ; le poser à la même distance et de la même manière qu'il vient d'être expliqué pour le pied gauche, et continuer de marcher sans que les jambes se croisent, sans que les épaules tournent, et la tête toujours directe.

15. *Le poids du corps sur la jambe droite* : pour disposer l'homme à faire plus vivement son premier pas.

La pointe du pied un peu baissée : parce que la pointe du pied baissée fait tendre le jarret et dispose le pied à poser à plat.

La pointe du pied légèrement tournée en dehors : parce que, si l'on tournait les pieds trop en dehors, le corps serait sujet à chanceler, et qu'on risquerait de s'accrocher avec les éperons.

Le haut du corps en avant : afin que le poids du

corps se porte sur le pied qui pose à terre, que le pied qui est en arrière puisse se lever aisément, et que le pas ne soit pas raccourci.

Le jarret tendu : parce qu'une troupe ne pouvant, sans se gêner et se désunir, marcher comme si chaque homme était isolé, il est nécessaire que les canonniers de recrue apprennent à marcher un pas marqué et cadencé, sans quoi il n'y aurait pas d'ensemble.

Poser le pied à plat sans frapper ; pour éviter le balancement du corps et le raccourcissement du pas, qui auraient lieu si le talon posait à terre le premier ou si l'on frappait en posant le pied.

Le pied près de terre : parce que si les canonniers levaient trop la jambe, ils perdraient du temps, se fatigueraient inutilement, et les pieds ne poseraient pas à terre en même temps.

La tête directe : parce que cette position de la tête empêche les épaules de tourner et fait que le canonnier marche carrément.

16. Pour arrêter, l'instructeur commande :

1. *Canonniers.*
2. HALTE.

Au commandement HALTE, apporter le pied qui est en arrière à côté de l'autre, sans frapper.

L'instructeur fait le commandement HALTE, à l'instant où l'un ou l'autre pied va poser à terre.

17. L'instructeur marque de temps en temps la cadence du pas par le commandement *un*, à l'instant où le canonnier lève le pied, et par celui *deux*, à l'instant où il doit le poser, en observant de régler cette cadence à raison de soixante-seize par minute. Pour juger si tous les principes sont exactement suivis, il se porte souvent à dix ou douze pas en avant, faisant face au canonnier. Quand celui-ci commence à bien soutenir le pas, on le fait marcher quelque temps sans l'arrêter, pour le confirmer dans ces principes.

Marquer le pas.

18. Le canonnier étant en marche, l'instructeur commande :

1. *Marquez le pas.*
2. MARCHE.

Au commandement MARCHE, apporter le pied qui est en arrière à côté de l'autre, sans frapper, et marquer la cadence du pas, en levant alternativement chacun des pieds sans avancer.

L'instructeur fait le commandement MARCHE, à l'instant où le pied va poser à terre.

19. Pour reporter le canonnier en avant, l'instructeur commande :

1. *Canonnier en avant.*
2. MARCHE.

Au commandement MARCHE, le canonnier reprend le pas de soixante-cinq centimètres.

L'instructeur fait le commandement MARCHE, à l'instant où le pied va poser à terre.

Changer le pas.

20. Le canonnier étant en marche, l'instructeur commande :

1. *Changez le pas.*
2. MARCHE.

Au commandement MARCHE, apporter le pied qui est en arrière à côté de l'autre, sans frapper, et repartir du pied qui était en avant.

L'instructeur fait le commandement MARCHE, à l'instant où le pied va poser à terre.

Par ce moyen, on apprend au canonnier à reprendre le pas lorsqu'il l'a perdu.

A droite ou à gauche en marchant.

21. Le canonnier étant en marche, l'instructeur commande :

1. *Canonnier, à droite* (ou *à gauche*).
2. MARCHE.

Au commandement MARCHE, tourner le corps à droite et partir du pied droit dans la nouvelle direction, sans perdre la cadence du pas.

L'instructeur fait le commandement MARCHE, à l'instant où le pied gauche va poser à terre.

Quand c'est *à gauche*, le commandement MARCHE se

fait au moment où le pied droit arrive à terre. Par ce moyen, le canonnier entame toujours la nouvelle direction avec la jambe du côté vers lequel il tourne.

Quart d'à-droite ou quart d'à-gauche en marchant.

22. Le canonnier étant en marche, l'instructeur commande :

1. *Canonnier, oblique à droite* (ou *à gauche*).
2. MARCHE.

Au commandement MARCHE, le canonnier exécute un *quart d'à-droite* (ou *d'à-gauche*), et il se porte droit devant lui.

23. Pour faire reprendre la direction primitive, l'instructeur commande :

En = AVANT.

A la dernière partie du commandement, qui est AVANT, le canonnier exécute un *quart d'à-gauche* (ou un *quart d'à-droite*), et se porte droit devant lui.

Le *quart d'à-droite* ou le *quart d'à-gauche* en marchant se commande et s'exécute suivant les principes prescrits n° 21.

Pas accéléré.

24. La longueur du pas accéléré est la même que celle du pas ordinaire, et sa vitesse est de cent dix par minute.

25. Le canonnier étant de pied ferme, l'instructeur commande :

1. *Canonnier, en avant.*
2. *Pas accéléré.*
3. MARCHE.

Au commandement MARCHE, partir vivement du pied gauche et prendre le pas de cent dix par minute.

26. L'impulsion du pas accéléré disposant l'homme de recrue à ployer les jarrets et à raccourcir le pas, l'instructeur doit en régler la cadence et la mesure, et habituer le canonnier à conserver le corps d'aplomb.

27. Le canonnier est exercé, en marchant au pas accéléré, à *arrêter*, à *marquer le pas*, à se porter *en*

avant, à *changer le pas*, à faire des *à-droite*, des *à-gauche*, des *quarts d'à-droite*, des *quarts d'à-gauche*, et à se reporter *en avant*, aux commandements et suivant les principes prescrits nos **14**, **15**, **16**, **17**, **18**, **19**, **20**, **21**, **22** et **23**.

28. Le canonnier marchant au pas accéléré, pour le faire passer au pas ordinaire, l'instructeur commande :

1. *Pas ordinaire.*
2. MARCHE.

Au commandement MARCHE, le canonnier prend le pas ordinaire.

29. Pour faire reprendre le pas accéléré, l'instructeur commande :

1. *Pas accéléré.*
2. MARCHE.

Au commandement MARCHE, le canonnier reprend le pas accéléré.

30. Dans tous les changements de pas, l'instructeur commande MARCHE, au moment où le pied va poser à terre, afin que le canonnier ait le temps de prendre, de l'autre jambe, le pas commandé.

Pas en arrière.

31. Le pas en arrière est de trente-trois centimètres mesurés d'un talon à l'autre.

32. Le canonnier étant de pied ferme, l'instructeur commande :

1. *Canonnier, en arrière.*
2. MARCHE.

Au commandement MARCHE, porter le pied gauche en arrière, à trente-trois centimètres; retirer et porter le pied droit également en arrière, et continuer ainsi jusqu'au commandement :

1. *Canonnier.*
2. HALTE.

Au commandement HALTE, apporter le pied qui est en avant à côté de l'autre, sans frapper.

33. L'instructeur ne fait marcher en arrière que quelques pas seulement; il veille à ce que le canonnier se porte bien droit en arrière, ne creuse pas les reins en renversant les épaules, et conserve toujours l'aplomb et la position du corps.

DEUXIÈME LEÇON.

PREMIÈRE PARTIE.	DEUXIÈME PARTIE.
Principes du port d'armes.	Maniement des armes.
Travail de pied ferme au port d'armes et marche au port d'armes.	Charge en cinq temps.
	Charge à volonté.
	Des feux { Position du 1er rang. Position du 2e rang.

PREMIÈRE PARTIE.

34. Cette leçon est donnée, autant que possible, homme par homme, ou au plus quatre canonniers à la fois.

Dans ce dernier cas, ils sont placés sur un rang à un mètre l'un de l'autre.

35. Le canonnier, armé de son fusil, est en veste d'écurie, bonnet de police et giberne, la bretelle du fusil bien tendue; il est sans sabre.

Principes du port d'armes.

36. (*Pl.* 10, fig. *B*). L'arme dans le bras droit, le canon d'aplomb et appuyé au défaut de l'épaule, la sous-garde en avant; le bras légèrement ployé sans écarter le coude, la main droite embrassant la platine, le pouce au-dessus de la sous-garde, le premier doigt dessous, les autres sous le chien, la contre-platine sur la couture du pantalon, la main gauche pendante sur le côté.

37. Le canonnier de recrue étant sujet à porter le corps en arrière, à baisser l'épaule droite ou à trop écarter le coude, il faut lui ôter quelquefois l'arme pour rectifier sa position.

Travail de pied ferme au port d'armes et marche au port d'armes.

38. L'instructeur fait exécuter au canonnier les mouvements de la 1re leçon, en veillant à ce qu'il conserve toujours la régularité du port d'armes.

DEUXIÈME PARTIE.

Maniement des armes.

39. L'exécution de chaque commandement ou partie de commandement forme un temps ; mais ce temps se divise en mouvements, pour en démontrer le mécanisme et en faciliter l'exécution.

La dernière syllabe d'un commandement ou d'une partie de commandement décide l'exécution vive d'un temps d'exercice ou du premier mouvement de ce temps quand il est divisé. Les commandements *deux*, *trois*, etc., décident celle des autres mouvements.

Dès que le canonnier connait bien les mouvements d'un temps, on lui montre à les exécuter sans s'arrêter sur chacun; mais il en observe le mécanisme, afin d'éviter les inconvénients de ce qu'on appelle *escamoter l'arme*.

L'instructeur porte une attention particulière à ce que le maniement des armes ne dérange pas la position du corps; il n'emploie à cet exercice que la moitié du temps de la leçon, et le reste à la marche.

Quand on veut faire REPOS, on fait reposer sur les armes et mettre les armes à terre (no 55).

Quand on veut faire *En place* = REPOS, on fait d'abord *reposer sur les armes;* mais si les armes sont chargées, on fait mettre l'*arme au bras*.

40. Le canonnier étant au port d'armes, l'instructeur commande :

Reposez-vous = *(sur vos)* ARMES.

1 *temps*, 3 *mouvements*.

(*Pl.* 11, fig. *A.*) 1. A la dernière partie du commandement, qui est ARMES, détacher l'arme verticalement et à 11 centimètres de l'épaule avec la main droite, et la saisir en même temps avec la main gauche à la capucine.

2. Saisir l'arme avec la main droite à 8 centimètres au-dessus de la main gauche.

3. Abandonner l'arme de la main gauche, qui se replace vivement sur le côté; allonger le bras droit; laisser glisser l'arme dans la main droite, jusqu'à terre, sans frapper; le talon de la crosse à 5 centimètres et à hauteur de la pointe du pied droit; le coude près du corps; le canon entre le pouce et les trois premiers doigts allongés, le petit doigt derrière le canon.

41. L'instructeur commande :

POUR LE MANIEMENT DES ARMES.

42. Ensuite il commande :

Portez = (*vos*) ARMES

1 *temps*, 3 *mouvements*.

1. A la dernière partie du commandement, qui est ARMES, élever l'arme verticalement avec la main droite, le canon détaché à 11 centimètres de l'épaule; saisir l'arme avec la main gauche à la capucine, le pouce allongé.

2. Descendre la main droite, la placer à la platine, le pouce au-dessus de la sous-garde, le premier doigt dessous, les autres sous le chien.

3. Appuyer l'arme à l'épaule avec la main droite et replacer vivement la main gauche sur le côté.

Présentez = (*vos*) ARMES.

1 *temps*.

43. A la dernière partie du commandement, qui est ARMES, apporter l'arme avec la main droite vis-à-vis le milieu du corps, le canon d'aplomb, la sous-garde en avant, l'avant-bras collé au corps sans être gêné; saisir l'arme avec la main gauche, au-dessus et contre la platine, le pouce allongé sur le canon, le poignet à la hauteur du coude; la main droite, quittant alors la platine, saisit la poignée, les doigts allongés.

Portez = (*vos*) ARMES.

1 *temps*.

44. A la dernière partie du commandement, qui est ARMES, replacer la main droite à la platine; rapporter

l'arme avec la main droite contre l'épaule, le canon d'aplomb, et replacer en même temps la main gauche sur le côté.

L'arme = *(au)* BRAS.

1 *temps*, 4 *mouvements*.

45. — 1. A la dernière partie du commandement, qui est BRAS, détacher l'arme verticalement et à 11 centimètres de l'épaule avec la main droite, et la saisir en même temps avec la main gauche à la capucine.

2. Elever l'arme avec les deux mains, en la tournant, le canon en avant, pour la placer vis-à-vis le défaut de l'épaule gauche, la main gauche à hauteur du col, le pouce allongé; glisser la main droite jusqu'à la naissance de la crosse, dont le plat s'appuie à la hanche.

3. Placer l'avant-bras gauche sur la poitrine, le chien appuyé sur l'avant-bras, la main à plat sur le téton droit, les doigts joints, le pouce détaché.

4. Replacer vivement la main droite sur le côté.

Portez = *(vos)* ARMES.

1 *temps*, 4 *mouvements*.

46. — 1. A la dernière partie du commandement, qui est ARMES, saisir l'arme avec la main droite à la naissance de la crosse.

2. Placer la main gauche à la capucine, le pouce allongé, l'avant-bras contre la platine, et détacher l'arme de l'épaule à 11 centimètres.

3. Descendre l'arme avec les deux mains en la tournant la sous-garde en avant, l'apporter verticalement vis-à-vis et à 11 centimètres de l'épaule droite, la main gauche un peu au-dessus de la hanche droite, la main droite se replaçant à la platine.

4. Appuyer l'arme à l'épaule avec la main droite et replacer vivement la main gauche sur le côté.

L'arme sur l'épaule = DROITE.

1 *temps*, 3 *mouvements*.

47. — 1. A la dernière partie du commandement, qui est DROITE, détacher l'arme verticalement et à 11 centimètres de l'épaule avec la main droite, en l'élevant un peu, et la saisir avec la main gauche à hauteur de la hausse, le pouce allongé.

2. Ressaisir l'arme avec la main droite à la crosse.

3. Placer l'arme sur l'épaule droite, le bout du canon en l'air, dirigé en arrière à gauche, et replacer vivement la main gauche sur le côté.

Portez = (*vos*) ARMES.

1 temps, 3 mouvements.

48. — 1. A la dernière partie du commandement, qui est ARMES, redresser l'arme avec la main droite en allongeant le bras, et la saisir en même temps avec la main gauche à hauteur de la hausse, le pouce allongé, la sous-garde en avant.

2. Descendre l'arme verticalement avec les deux mains, la droite se replaçant à la platine.

3. Appuyer l'arme à l'épaule avec la main droite, et replacer vivement la main gauche sur le côté.

L'arme sous le bras = DROIT.

1 temps, 3 mouvements.

49. — 1. A la dernière partie du commandement, qui est DROIT, détacher l'arme verticalement et à 11 centimètres de l'épaule avec la main droite en l'élevant un peu, et la saisir avec la main gauche à la poignée.

2. Saisir l'arme avec la main droite à la capucine.

3. Chasser la crosse sous le bras avec la main gauche en tournant l'arme avec les deux mains, le canon en dessous, la platine au-dessus de la hanche, la sous-garde touchant le corps, le bout du canon dirigé vers la terre, le pouce de la main droite sur la baguette, et replacer vivement la main gauche sur le côté.

Portez = (*vos*) ARMES.

1 temps, 3 mouvements.

50. — 1. A la dernière partie du commandement, qui est ARMES, redresser l'arme avec la main droite en la tournant la sous-garde en avant, la platine en dehors, la main droite à hauteur du téton, le pouce allongé sur le bois, et la saisir avec la main gauche à la naissance de la crosse.

2. Descendre l'arme verticalement avec la main gauche, la droite se replaçant à la platine.

3. Appuyer l'arme à l'épaule avec la main droite, et replacer vivement la main gauche sur le côté.

Reposez-vous = (*sur vos*) ARMES.
Fusil = (*à la*) GRENADIÈRE.

1 *temps*, 2 *mouvements*.

51. — 1. A la dernière partie du commandement, qui est GRENADIÈRE, défaire la boucle de la bretelle et la faire couler jusqu'au battant de sous-garde avec les deux mains, soutenant l'arme avec le bras droit; saisir le fusil à la capucine; l'élever en travers au-dessus de la tête, la platine en dessus; le bout du canon élevé et dirigé à gauche, la bretelle pendante.

2. Passer la tête et le bras droit entre la bretelle et le fusil qu'on laissera tomber à droite, la main droite se plaçant sur la crosse, pour la pousser en arrière; placer la main droite sur le côté.

Replacez = (*le*) FUSIL.

1 *temps*, 2 *mouvements*.

52. — 1. A la dernière partie du commandement, qui est FUSIL, saisir l'arme à la poignée avec la main droite, la tirer en avant pour passer le bras droit entre le corps et le fusil, le saisir avec la même main en dessous et contre la capucine.

2. Passer le fusil en travers par dessus la tête et placer la crosse à terre près du pied droit, tendre la bretelle et prendre la position de *reposez-vous sur vos armes* (n° 41).

L'arme = (*à*) TERRE.

1 *temps*, 2 *mouvements*.

53. — 1. A la dernière partie du commandement, qui est TERRE, tourner l'arme avec la main droite, la contre-platine en avant; courber le corps, avancer le pied gauche, le talon vis-à-vis de la capucine; poser l'arme à terre droit devant soi, le talon de la crosse restant à hauteur de la pointe du pied droit, le jarret droit un peu plié, le talon droit levé.

2. Se relever, rapporter le pied gauche à côté du droit et replacer les mains sur les côtés.

Relever = (*vos*) ARMES.

1 *temps*, 2 *mouvements*.

54. — 1. A la dernière partie du commandement, qui

est ARMES, courber le corps, avancer le pied gauche, le talon vis-à-vis de la capucine.

2. Relever l'arme, en rapportant le pied gauche à côté du droit; la tourner aussitôt avec la main droite, la sous-garde en avant, la main gauche se replaçant sur le côté.

Lorsque le canonnier a le sabre, en même temps qu'il exécute le premier mouvement de l'*arme à terre* et de *relevez vos armes*, il saisit le sabre avec la main gauche, la pointe en avant, la main fermée, le pouce allongé et touchant l'anneau du bracelet inférieur.

55. Le canonnier étant à la position de *présentez vos armes*, l'instructeur commande :

Genou = (*à*) TERRE.

1 *temps*.

A la dernière partie du commandement, qui est TERRE, porter le pied droit en arrière en tournant un peu la pointe du pied gauche en dedans; mettre le genou à terre à 16 centimètres en arrière et à droite du talon gauche, l'avant-bras gauche appuyé sur la cuisse; laisser glisser l'arme à terre sans frapper, et l'abandonner de la main droite, qui se place à la coiffure, le dessus de la main contre la visière, les doigts étendus et joints, le coude élevé.

PORTEZ = (*vos*) ARMES.

2 *temps*.

1. A la première partie du commandement, qui est PORTEZ, élever l'arme avec la main gauche, la saisir à la poignée avec la main droite, se relever, rapporter le pied droit à côté du gauche, et reprendre la position de *présentez vos armes*.

2. A la dernière partie du commandement, qui est ARMES, porter les armes (nº 46).

56. Le canonnier étant à la position de *présentez vos armes*, l'instructeur commande :

Haut = (*les*) ARMES.

1 *temps*.

A la dernière partie du commandement, qui est ARMES, élever l'arme avec les deux mains en la tournant la platine en avant; la main droite tenant toujours la poignée; la main gauche ouverte, les doigts allongés contre le bois, à hauteur et à 16 centimètres du col; les coudes abattus.

Pour faire rompre les rangs, l'instructeur commande :

1. *Rompez vos rangs*
2. MARCHE.

Charge en cinq temps.

57. Le canonnier étant au port d'armes, l'instructeur commande.

1. *Charge en cinq temps.*
2. *Chargez* = *(vos)* ARMES.

1 *temps*, 3 *mouvements.*

1. A la dernière partie du 2e commandement, qui est ARMES, faire un demi-tour à droite sur le talon gauche, en portant le pied droit en équerre derrière le gauche, le cou-de-pied droit vis-à-vis et à 8 centimètres du talon; détacher l'arme verticalement et à 11 centimètres de l'épaule avec la main droite, en l'élevant un peu, et la saisir avec la main gauche à hauteur de la hausse, le pouce allongé sur le bois, les autres doigts réunis sur la monture sans toucher le canon; baisser le coude droit et saisir la poignée sans que le premier doigt quitte la sous-garde.

2. Chasser la crosse sous le bras avec la main droite, la poignée appuyée à la hanche, le coude gauche collé au corps, le bout du canon à hauteur du menton; placer le pouce de la main droite en travers de la crête du chien, le premier doigt en avant de la détente, les autres derrière la sous-garde, le coude légèrement levé.

3. Tirer le chien en arrière, le mettre au cran de l'armé en faisant sonner distinctement le cran de la noix; porter la main droite à la culasse, le pouce sous la crête, les autres doigts réunis et embrassant la culasse, le coude appuyé sur la crosse.

2. *Ouvrez* = *(la)* CULASSE.

1 *temps*, 2 *mouvements.*

58. — 1. A la dernière partie du commandement, qui est CULASSE, ouvrir la culasse; la saisir avec la main droite, le pouce allongé dans l'évidement et les deux premiers doigts embrassant le logement incliné du per-

cuteur; amener la culasse en arrière pour retirer l'étui de la cartouche brûlée et le faire tomber à l'aide du premier doigt.

2. Porter la main droite à la giberne, *l'amener sur le côté*, y prendre une cartouche entre le pouce et les deux premiers doigts, *repousser la giberne en arrière* et porter de suite la cartouche près de la boîte de culasse, les ongles en dessous, le coude appuyé sur la crosse.

3. *Cartouche* = (*dans le*) CANON.

1 *temps*, 2 *mouvements*.

59. — 1. A la dernière partie du commandement, qui est CANON, baisser la tête, porter les yeux sur la boîte de culasse, y placer la cartouche et l'introduire complétement dans la chambre en l'accompagnant avec le pouce.

2. Porter la main droite à la culasse, le pouce sur la crête, les autres doigts réunis et embrassant la culasse, le coude appuyé sur la crosse; abattre la culasse et appuyer dessus pour la fermer complétement.

4. DÉSARMEZ.

1 *temps*, 2 *mouvements*.

60. — 1. Au commandement DÉSARMEZ, placer le pouce de la main droite en travers de la crête du chien, le premier doigt en avant de la détente, les autres derrière la sous-garde, le coude légèrement levé.

2. Tirer le chien un peu en arrière pour le dégager du cran de l'armé; appuyer le premier doigt sur la détente en soutenant le chien avec le pouce, le conduire avec précaution au cran de sûreté et saisir l'arme à la poignée avec la main droite.

5. *Portez* = (*vos*) ARMES.

1 *temps*, 3 *mouvements*.

61. 1. A la dernière partie du commandement, qui est ARMES, redresser l'arme avec les deux mains, la droite se plaçant à la platine; faire en même temps face en tête en rapportant le talon droit à côté du gauche.

2. Descendre l'arme, l'appuyer à l'épaule avec la main droite et replacer vivement la main gauche sur le côté.

Charge à volonté.

62. Les canonniers, exécutant bien la charge en *cinq temps*, sont exercés à la charge à volonté; à cet effet, l'instructeur fait porter les armes, et il commande :

1. *Charge à volonté.*

2. *Chargez* = (*vos*) ARMES.

A la dernière partie du 2e commandement, qui est ARMES, exécuter les cinq temps de la charge sans s'arrêter sur aucun et sans s'attendre ni se régler les uns sur les autres.

L'instructeur exige que les canonniers chargent leurs armes avec calme et sans précipitation, et qu'ils conservent bien la position du corps en passant exactement par tous les mouvements.

Des feux.

Position du 1er rang.

63. Le canonnier étant au port d'armes, l'instructeur commande :

Apprêtez = (*vos*) ARMES.

1 *temps*, 3 *mouvements.*

1. A la dernière partie du commandement, qui est ARMES, exécuter le 1er mouvement du 1er temps de la charge (n° 57).

2. Exécuter le 2e mouvement du 1er temps de la charge (n° 57).

3. Tirer le chien en arrière, le mettre au cran de l'armé en faisant sonner distinctement le cran de la noix, et saisir l'arme à la poignée avec la main droite.

(*En*) JOUE.

1 *temps.*

64. Au commandement JOUE, élever l'armé avec les deux mains sans brusquer le mouvement, le corps restant droit; appuyer la crosse contre l'épaule, le coude gauche abattu, le coude droit à hauteur de l'épaule. Fermer l'œil gauche, diriger l'œil droit par la hausse et le guidon pour ajuster, et placer le premier doigt de la main droite sur la détente.

65. Si, avant de faire feu, on veut faire *replacer les armes*, l'instructeur commande :

Replacez = (*vos*) ARMES.

1 *temps*.

A la dernière partie du commandement, qui est ARMES, retirer le premier doigt de dessus la détente et reprendre la position du 3e mouvement d'*apprêtez vos armes* (n° 63).

66. Si, après avoir fait apprêter ou replacer les armes, on veut les faire *porter* sans faire feu, l'instructeur commande :

PORTEZ = (*vos*) ARMES.

2 *temps*.

1. A la première partie du commandement, qui est PORTEZ, exécuter les deux mouvements du 4e temps de la charge (n° 57).

2. A la dernière partie du commandement, qui est ARMES, exécuter les deux mouvements du 5e temps de la charge (n° 57).

67. Le canonnier étant en *joue*, si l'on veut faire *feu*, l'instructeur commande :

FEU.

1 *temps*.

Au commandement FEU, appuyer le premier doigt de la main droite sur la détente ; faire feu sans bouger la tête ni déranger l'arme, et rester dans cette position.

68. Si, après avoir fait feu, on ne veut pas faire *chargez les armes*, l'instructeur commande :

PORTEZ = (*vos*) ARMES.

2 *temps*.

1. A la première partie du commandement, qui est PORTEZ, exécuter le mouvement de *replacez vos armes* (n° 65).

2. A la dernière partie du commandement, qui est ARMES, exécuter les deux mouvements du 5e temps de la charge (n° 57).

69. Si, après avoir fait feu, on veut faire *charger les armes*, l'instructeur commande :

CHARGEZ.

1 *temps*.

Au commandement CHARGEZ, prendre la position de

replacez vos armes (nº 65) et exécuter la charge à volonté (nº 62).

Position du 2ᵉ rang.

70. Le canonnier étant au port d'armes, l'instructeur commande :

Apprêtez = *(vos)* ARMES.

1 *temps*, 3 *mouvements*.

Comme il est prescrit pour le 1ᵉʳ rang (nº 63).

(En) JOUE.

1 *temps*.

71. Au commandement JOUE, porter le pied droit à 16 centimètres sur la droite, les pieds formant l'équerre, et exécuter le reste du mouvement comme il est prescrit pour le 1ᵉʳ rang (nº 64).

72. Si, avant de faire feu, on veut faire *replacer les armes*, l'instructeur commande :

Replacez = *(vos)* ARMES.

1 *temps*.

A la dernière partie du commandement, qui est ARMES, exécuter ce qui est prescrit pour le 1ᵉʳ rang (nº 65) en rapportant le pied droit en équerre derrière le gauche, le cou-de-pied droit vis-à-vis et à 8 centimètres du talon.

73. Si, après avoir fait apprêter ou replacer les armes, on veut les faire *porter* sans faire feu, l'instructeur commande :

PORTEZ = *(vos)* ARMES.

2 *temps*.

Comme il est prescrit pour le 1ᵉʳ rang (nº 66).

74. Le canonnier étant en joue, si l'on veut faire *feu*, l'instructeur commande :

FEU.

1 *temps*.

Comme il est prescrit pour le 1ᵉʳ rang (nº 66).

75. Si, après avoir fait feu, on ne veut pas faire *charger les armes*, l'instructeur commande :

PORTEZ = (*vos*) ARMES.

2 temps.

1. A la première partie du commandement, qui est PORTEZ, exécuter le 1er temps de *portez vos armes* comme 1er rang (n° 67), en rapportant le pied droit en équerre derrière le gauche, le cou-de-pied droit vis-à-vis et à 8 centimètres du talon.

2. A la dernière partie du commandement, qui est ARMES, exécuter le 2e temps de *portez vos armes* comme 1er rang (n° 67).

76. Si, après avoir fait feu, on veut faire *charger les armes*, l'instructeur commande :

CHARGEZ.

1 temps.

Au commandement CHARGEZ, prendre la position de *replacez vos armes* comme 2e rang (n° 71), et exécuter la charge à volonté (n° 62).

Lorsqu'on tire à balle, ou lorsque l'instructeur veut faire appliquer aux canonniers les principes du tir, il fait précéder le commandement *en joue* de l'indication *à tant de mètres...*; alors les canonniers disposent la hausse pour la distance prescrite ; ils la replacent, s'il y a lieu, après les feux, avant de porter l'arme à l'épaule.

TROISIÈME LEÇON.

PREMIÈRE PARTIE.	DEUXIÈME PARTIE.
Maniement des armes, les cavaliers ayant le sabre. Inspection des armes.	Marche aux différents pas avec les armes.

PREMIÈRE PARTIE.

77. On réunit pour cette leçon de 4 à 8 canonniers ; ils sont en veste d'écurie, shako ou casque et giberne. Ils ont le fusil et le sabre, et sont placés sur un rang à un mètre l'un de l'autre.

Maniement des armes, les canonniers ayant le sabre.

78. Les canonniers, ayant le sabre au crochet, la monture en arrière, sont exercés au maniement des armes, suivant les principes détaillés à la deuxième partie de la deuxième leçon; on leur apprend ensuite à mettre le sabre à la main, à présenter le sabre et à le remettre.

Les cavaliers étant à la position de *reposez-vous sur vos armes*, l'instructeur commande :

Fusil = (*à la*) GRENADIÈRE (n° 51),
ou *Arme* = (*à*) TERRE (n° 53).

Inspection des armes.

79. Les canonniers étant à la position de *reposez-vous sur vos armes*, l'instructeur commande.

Inspection = (*du*) FUSIL.

1 *temps*, 2 *mouvements*.

1. A la dernière partie du commandement, qui est FUSIL, élever vivement l'arme avec la main droite, en la tournant la platine en avant; la placer dans la main gauche, qui la saisit à hauteur de la hausse, le pouce allongé sur le bois, les autres doigts réunis sur la monture, la main vis-à-vis de l'épaule et à hauteur du menton, le coude abattu contre la crosse.

2. Descendre l'arme avec la main gauche, la saisir avec la main droite à la capucine, et reprendre la position de *reposez-vous sur vos armes*.

80. Lorsque les canonniers exécutent correctement l'inspection des armes, pour les y exercer sans détail, l'instructeur commande :

Inspection = *des* ARMES.

A la dernière partie du commandement, qui est ARMES chaque canonnier, à mesure que l'instructeur passe devant lui, exécute le 1er mouvement de l'*inspection du fusil* (n° 79).

(L'instructeur prend l'arme pour l'examiner, s'il le juge à propos, sans que le canonnier la porte en avant pour la lui présenter.)

Dès que l'inspecteur l'a dépassé de deux canonniers, le canonnier inspecté exécute le 2e mouvement de l'inspection *du fusil*; il passe le fusil à gauche et met le sabre à la main.

Chaque canonnier, à mesure que l'instructeur passe devant lui, présente le sabre, tourne le poignet en dedans pour montrer l'autre côté de la lame (3e et 4e mouvements de l'*inspection du sabre*).

Dès que l'instructeur l'a dépassé de deux canonniers, le canonnier inspecté porte et remet le sabre; il repasse le fusil à droite et reprend la position de *reposez-vous sur vos armes*.

81. Après les feux, pour s'assurer qu'il n'y a plus d'armes chargées, et faire retirer l'étui de la cartouche brûlée, les canonniers étant au port d'armes, l'instructeur commande :

Inspection = (*de la*) CULASSE.
1 *temps*, 3 *mouvements*.

1. A la dernière partie du commandement, qui est CULASSE, exécuter le 1er temps de la charge (n° 57).

2. Chaque canonnier, à mesure que l'instructeur passe devant lui, exécute le 1er mouvement du 2e temps de la charge.

3. Dès que l'instructeur l'a dépassé de deux canonniers, le canonnier inspecté ferme la culasse et exécute les 4e et le 5e temps de la charge.

DEUXIÈME PARTIE.

Marche aux différents pas avec les armes.

82. Les canonniers, ayant le sabre au crochet, sont exercés aux différents pas et aux mouvements détaillés dans la deuxième partie de la première leçon; ceux armés du fusil sont exercés en outre à mettre l'arme au bras ou sur l'épaule droite, et à la porter en marchant, ainsi qu'à faire feu avec des cartouches à poudre.

83. Quand on veut faire exécuter un demi-tour par canonnier, l'instructeur fait auparavant porter les armes.

84. Toutes les fois qu'on commande HALTE, les canonniers portent vivement l'arme.

85. Lorsqu'après avoir fait feu il est difficile d'ouvrir la culasse, il faut faire jouer le percuteur avec les doigts, et, au besoin, laisser retomber le chien à l'abattu.

On fait usage de la baguette lorsqu'on ne peut effectuer l'extraction de l'étui par la retraite de la culasse. Le déchargement de l'arme s'opère comme il est prescrit pour retirer l'étui d'une cartouche brûlée.

Lorsqu'on exécute les feux à poudre, dans les cas très-rares où l'emploi de la baguette devient nécessaire, le canonnier passe derrière le rang tenant son arme le bout en l'air; il fait fasse en arrière, ouvre la culasse, pose la crosse à terre, dévisse la baguette, la retire et l'engage par le gros bout dans le canon; il frappe ensuite à coups modérés sur la cartouche, jusqu'à ce qu'elle sorte par la boîte de culasse.

ARTICLE II

Des feux.

86. Le peloton étant en bataille, l'instructeur commande :

1. *Feux de peloton.*
2. *A tant de mètres.....*
3. COMMENCEZ LE FEU.

Au premier commandement, le sous-inspecteur se porte vivement derrière le centre du peloton, à 6 pas (4 mètres) en arrière du serre-file.

Au troisième commandement, le sous-instructeur commande :

1. *Peloton.*
2. *Apprêtez* = *(vos)* ARMES.
3. *A tant de mètres.....*
4. *(En)* JOUE...
5. FEU ou *replacez* = *(vos)* ARMES.
6. CHARGEZ OU PORTEZ = *(vos)* ARMES.

Ce qui s'exécute comme il est prescrit à *l'école du canonnier à pied*, les canonniers ayant soin de disposer la hausse pour la distance indiquée avant de mettre en joue.

87. Les armes étant portées, le sous-instructeur fait aussitôt recommencer le feu par les mêmes commandements, et le feu continue jusqu'à la sonnerie pour *faire cessez le feu*; si l'instructeur n'a pas un trompette, il commande CESSEZ LE FEU.

A la sonnerie ou à ce commandement, les canonniers achèvent de charger, remplacent la hausse et portent l'arme; le sous-instructeur reprend sa place de bataille.

88. L'instructeur veille à ce que les canonniers du deuxième rang se placent exactement à leurs créneaux pour l'exécution des feux, et reprennent ensemble leurs chefs de file en portant les armes. Il recommmande au sous-instructeur de mettre, entre les commandements *A tant de mètres* et *joue*, l'intervalle nécessaire pour permettre aux canonniers de disposer la hausse, et de ne laisser, entre les commandements *joue* et *feu*... que le temps voulu pour bien ajuster. Il se place de manière, etc., etc., comme dans l'ordonnance.

89. Pour faire exécuter les feux de peloton, le capitaine commandant commande :

1. *Feux de peloton*,
2. *A tant de mètres*.....
3. COMMENCEZ LE FEU.

Au premier commandement, les chefs de peloton se portent aux places qui leur sont indiquées à l'*école de peloton*, les officiers de la 1re division passant par l'aile droite, et ceux de la 2e par l'aile gauche.

Au troisième commandement, les pelotons impairs commencent le feu, leurs chefs faisant les commandements..... etc., etc.

90. Pour faire exécuter les feux de division, le capitaine commandant commande :

1. *Feux de division*,
2. *A tant de mètres*.....
3. COMMENCEZ LE FEU.

Au troisième commandement, la division impaire commence le feu; chaque lieutenant commandant fait précéder..... etc., etc.

91. Pour faire exécuter les feux d'escadron, le capitaine commandant commande :

1. *Feux d'escadron.*
2. *Escadron.*
3. *Apprêtez* = (*vos*) ARMES.
4. *A tant de mètres.*
5. (*En*) JOUE.
6. FEU.
9. CHARGEZ.

NOMENCLATURE

DÉMONTAGE, REMONTAGE ET ENTRETIEN DU FUSIL DE DRAGONS TRANSFORMÉ (MODÈLE 1867).

PREMIÈRE PARTIE.

Nomenclature du fusil de dragons transformé (modèle 1867).

Le fusil de dragons transformé modèle 1867 peut se diviser en quatre parties principales, qui sont :

1. *Le canon.*
2. *La platine.*
3. *La monture.*
4. *Les garnitures.*

1. CANON.

Le canon comprend trois parties :

1° Le canon proprement dit;
2° La boîte de culasse;
3° La culasse mobile.

1° *Canon.*

A l'intérieur on distingue : la bouche, l'âme, le tonnerre, la chambre qui reçoit la cartouche, les quatre rayures inclinées de gauche à droite et faisant un tour sur 2 mètres. Le calibre de l'arme est de 17mm8.

A l'extérieur du canon :

Le guidon servant à viser;
Le tenon;
Les pans;
La hausse, qui comprend cinq pièces, savoir :
1° Le pied;
2° Le ressort;
3° La vis de ressort;

4° La planche coudée, qui porte 3 crans de mire, un pour la distance de 200 mètres sur le petit côté, et 2 pour les distances de 400 mètres et 600 mètres sur le grand côté. Le trou servant à viser à 400 mètres. L'œil de la planche, le talon de la planche.

5° La vis de la planche.

2° *Boîte de culasse.*

La boîte de culasse se compose de six pièces, savoir :

1° Le corps de la boîte, dans lequel on remarque : l'écrou, l'oreille antérieure percée d'un trou pour la vis-arrêtoir de broche, le logement du tire-cartouche, le logement de la culasse mobile, échancré des deux côtés, le côté droit servant de guide pour le tire-cartouche, le guide-cartouche et ses deux rivets. Les remparts : celui de droite sert d'oreille postérieure pour la broche; dans celui de gauche se trouve le logement du ressort de culasse mobile.

Les deux remparts sont séparés par un évidement destiné à faciliter le placement et l'extraction de la cartouche ou de son étui.

La queue de culasse recourbée et son trou fraisé;

2° La broche qui sert à réunir la culasse mobile à la boîte; la tige, le trou pour la vis-arrêtoir; la tête et son échancrure;

3° La vis-arrêtoir de broche, sa tige filetée sur une partie seulement.

3° *Culasse mobile.*

La culasse mobile se compose de six pièces, savoir :

1° Le corps de la culasse mobile. — On y distingue : la tranche antérieure sur laquelle vient déboucher le conal du percuteur, son chanfrein. La tranche postérieure avec le logement du ressort-arrêtoir, le trou taraudé de sa vis et le plan incliné pour le trou d'entrée du percuteur. L'échancrure pour le logement du guide-cartouche, l'évidement. Les œils de la charnière, le talon qui en limite le mouvement. La crête quadrillée, le logement incliné du percuteur et de son ressort;

2o Le percuteur, sa tige formée de deux cylindres de diamètres différents et raccordés; sur le premier cylindre, qui doit produire la percussion sur la capsule, est monté un ressort à boudin destiné à ramener le percuteur en place; sur le second on remarque : l'échancrure destinée à loger l'extrémité du ressort-arrêtoir. On distingue en outre, dans le percuteur : la tête, sa gorge et son quadrillage;

3o Le ressort de percuteur et de culasse mobile;

4o Le ressort-arrêtoir et sa vis;

5o Le tire-cartouche, dans lequel on distingue : le corps, la coulisse, le talon, les œils de la charnière, la languette qui se raccorde avec la chambre et dont la feuillure sert à retirer la cartouche;

6o Le ressort de broche.

2. PLATINE.

La platine, mécanisme destiné à produire la percussion sur la tête du percuteur qui la transmet à la capsule, se compose de dix pièces :

1° Le corps. — On y distingue le devant, le milieu, la queue, les trous taraudés des deux vis de bride, les trous non taraudés de l'arbre de la noix, de la grande vis de platine, et les pivots de ressort et de gâchette; l'entaille pour la vis-crochet de platine, l'épaulement dans lequel s'engage la patte du ressort;

2° Le ressort, qui se compose de deux branches : la grande branche, moteur du mécanisme, dans laquelle on distingue : la griffe, sa fente et le cul du ressort. La petite branche, qui fait fonction de ressort de gâchette et dans laquelle on remarque : le rouleau, le pivot et la patte.

3° La chainette. — On y remarque : le corps, les deux doubles pivots;

4° La noix. — On y distingue : 1° le corps, qui comprend : le cran de l'armé, le cran de sûreté, l'entaille de la chaînette, la griffe, l'embase, le talon; 2° l'arbre, qui se termine par le six-pans; 3° le pivot;

5° La vis de noix;

6° La bride de noix, dans laquelle on distingue : le corps, les deux cylindres;

7° et 8° Les deux vis de bride : la vis supérieure est marquée d'un coup de pointeau sur la tête;

9° La gâchette, qui comprend : le corps, le double pivot, le bec et la queue;

10° Le chien, dans lequel on distingue : le corps et son trou à six pans, la tête et son évidement, la crête quadrillée.

3. MONTURE.

La monture se divise en trois parties : 1° le fût; 2° la poignée; 3° la crosse.

1° Le fût. — On y distingue : le logement du canon, le logement de la boîte de culasse et de sa queue, les oreilles, les embases de la grenadière et de la capucine, le canal de la baguette, les encastrements des ressorts de garniture ainsi que les trous de goupille de ces ressorts, l'encastrement de la rosette et les trous des vis de platine, de culasse et de la goupille du battant de sous-garde;

2° La poignée. — On y remarque : l'encastrement de la platine; l'encastrement de l'écusson;

3° La crosse. — On y distingue : le busc, le trou de la vis à bois de sous-garde, l'encastrement de la plaque de couche, le bec de la crosse, le talon.

4. GARNITURES.

Les garnitures se subdivisent de la manière suivante :

1° La baguette, sa tête, le trou destiné à recevoir la broche, sa tige, le bout fileté;

2° Le ressort de baguette, le cuilleron et le pontet, la goupille de ce ressort;

3° L'embouchoir et son ressort;

4° La grenadière et son ressort;

5° La capucine et son ressort;

6° La rosette, sa bouterolle;

7° La sous-garde, qui comprend : l'écusson, le pontet, le battant de sous-garde et la détente.

Dans l'écusson, on distingue : le taquet et son trou taraudé pour recevoir le bout de la baguette, la bouterolle et son trou taraudé pour la vis de culasse, les fentes, les ailettes, les élévations, le trou fraisé pour la vis de sous-garde.

Le pontet comprend : le corps, les nœuds antérieur et postérieur, la fente, le crochet à bascule.

Le battant de sous-garde comprend : le pivot, l'anneau et les rosettes, le rivet et la goupille.

La détente comprend : la lame, la queue et le trou pour le passage de la vis de détente qui lui sert de pivot;

8° La plaque de couche;

9° Les vis à bois, au nombre de quatre, savoir : les deux vis de plaque de couche, la vis de sous-garde et la vis-crochet de platine;

10° Deux vis à écrou, savoir : la vis de culasse et la grande vis de platine.

ACCESSOIRES.

Le nécessaire d'armes se compose de :

1° La boîte, dans laquelle on remarque le fond percé d'une fente pour la lame du tourne-vis, le tampon en bois;

2° L'huilier, comprenant le vase à huile, la vis-bouchon et la rondelle en cuir;

3° La lame du tourne-vis;

4° Le bourre-noix; sa tête percée d'un trou pour recevoir le pivot de la noix;

5° Le chasse-noix;

6° La trousse en drap, présentant trois compartiments pour la lame du tourne-vis, le bourre-noix et le chasse-noix.

Le monte-ressort comprend : le corps, sa griffe et sa fente; la barette, sa dentelure, son quadrillage; la petite vis, la grande vis, sa tête et ses filets.

RENSEIGNEMENTS DIVERS.

La cartouche se compose de quatre parties principales :

1° L'étui ou douille, qui comprend le culot amorcé et le tube; 2° la poudre; 3° la rondelle qui sépare la balle de la poudre; 4° la balle et son culot en carton embouti.

Poids de la balle.	36 gr.	
Poids de la poudre.	4	50
Poids de la douille et de la rondelle.	7	50
Poids total de la cartouche.	48 gr.	
Poids de l'arme.	4 kil.	350
Longueur de l'arme.	1 m.	42

DEUXIÈME PARTIE.

DÉMONTAGE, REMONTAGE ET ENTRETIEN DU FUSIL.

L'entretien des armes par les soldats comprend deux parties :

1° *Le démontage et le remontage ;*
2° *Le nettoyage et le graissage.*

1° DÉMONTAGE ET REMONTAGE.

Ordre suivant lequel on doit démonter pour nettoyer :

1° La bretelle;
2° La baguette;
3° L'embouchoir;
4° La grenadière;
5° La vis de culasse;
6° La capucine;
7° Le canon muni de sa culasse mobile ;
8° La grande vis de platine;
9° La rosette ;
10° La platine;
11° La goupille de battant de sous-garde;
12° La vis de sous-garde;
13° La sous-garde ;
14° Le pivot du battant de sous-garde;
15° Le pontet;
16° La vis de détente ;
17° La détente.

(Pièces 11° à 17° :) Ces pièces ne seront démontées que sur l'ordre d'un sous-officier ou d'un officier.

Ces pièces doivent être rangées par ordre au fur et à mesure qu'on les démonte.

Ordre à suivre pour démonter les pièces qui composent le canon.

Ces pièces peuvent être démontées sans que le canon soit séparé de la monture.

1° La vis-arrêtoir de broche ;
2° La broche ;
3° La culasse mobile ;
   1° La vis de ressort-arrêtoir ;
   2° Le ressort-arrêtoir ;
   3° Le percuteur ;
   4° Le ressort de percuteur.
4° Le tire-cartouche ;
5° Le ressort de broche.

Ordre à suivre pour démonter la platine.

(Le chien est au cran de sûreté.)

1° Le ressort ;
2° Les deux vis de bride ;
3° La bride ;
4° La gâchette ;
5° La vis de noix ;
6° La noix et le chien ;
7° La chaînette.

Le remontage s'opère dans l'ordre inverse du démontage.

Les pièces non indiquées dans cette nomenclature ne doivent jamais être démontées par le soldat ; elles sont nettoyées en place.

Observations.

La grenadière et le battant de sous-garde sont marqués d'un coup de pointeau à la partie supérieure, pour éviter que le soldat ne les mette en sens inverse en remontant l'arme.

Pour détacher le canon, renverser l'arme dans la main gauche, la sous-garde en dessus, la bouche du canon vers la terre ; frapper avec la main droite sur la poignée jusqu'à ce que le canon soit dégagé de son canal, et le maintenir avec les doigts de la main gauche vers la boîte de culasse.

On ôte le ressort de platine à l'aide d'une pression modérée faite avec le monte-ressort; on le remet par une opération inverse quand on veut remonter la platine.

En démontant la platine, cesser de serrer le monte-ressort aussitôt que le chien peut ballotter, ou dès qu'il est possible de dégager la chaînette avec le doigt, quand on remonte la platine, serrer le monte-ressort seulement d'une quantité suffisante pour que le ressort puisse être mis en place, le chien étant abattu. Dans l'une et dans l'autre opération, les branches ne doivent pas être aussi rapprochées que quand le chien est armé.

Les deux vis de bride ont même grosseur et même longueur; cependant il importe de ne pas les confondre. Pour les distinguer, on marque d'un coup de pointeau comme point de repère la vis supérieure et le cylindre correspondant de la bride.

Pour séparer la noix du chien, engager le chasse-noix par son petit bout dans le trou de la vis de noix et frapper sur le gros bout avec le nécessaire du côté opposé à la fente.

Pour remonter la platine, placer le chien de manière que l'extrémité de la griffe de noix soit sur le prolongement de la crête du chien. Engager à fond le six-pans de la noix dans celui du chien en coiffant le pivot de la noix avec le bourre-noix et en frappant à petits coups sur le bourre-noix, le chien étant appuyé sur le bout d'une table, d'un banc, etc.

Pour replacer la chaînette, engager dans l'encastrement de la noix le double pivot le plus court, de manière que la plus courte partie de l'autre double pivot soit sur le même côté que le six-pans.

Pour ôter la goupille de battant de sous-garde, on se sert du bourre-noix.

Lorsqu'on les remet en place, on place le petit bout du chasse-noix dans la fraisure de la tête, et l'on frappe sur le gros bout à petits coups avec le nécessaire, en ayant soin de faire arriver bien exactement la tête de la goupille dans son encastrement.

Pour séparer la culasse mobile du canon, après avoir retiré la vis-arrêtoir de broche, on se sert de la lame du tourne-vis qu'on engage dans l'échancrure de la tête de la broche, ce qui permet de l'enlever.

Pour la remonter, on réunit le tire-cartouche à la culasse mobile; on met ces deux pièces en place et on les y maintient à l'aide de la broche qui n'est enfoncée qu'à moitié; on engage alors le ressort de culasse mobile dans le logement de l'oreille postérieure; on achève de le mettre en place et d'enfoncer la broche, l'échancrure en dehors. On termine par le placement de la vis-arrêtoir de broche.

Règles générales à observer.

Le soldat ne doit jamais frapper aucune pièce de ses armes avec le nécessaire ou avec tout autre objet en fer, parce qu'il occasionnerait ainsi des mutilations.

Les pièces de la platine et de la sous-garde ne doivent être démontées que sur l'ordre d'un sous-officier ou d'un officier, et cet ordre ne doit être donné que lorsque le démontage est reconnu indispensable.

Il est absolument interdit de chercher à séparer le canon et la boîte de culasse dans l'intérieur des escadrons, sous quelque prétexte que ce soit. En replaçant la platine sur le bois, il est essentiel de bien serrer à fond la grande vis, ainsi que la vis de culasse, afin de conserver la relation pour la percussion entre la tête du chien et la tête du percuteur. Pour la même raison, le chien doit toujours être à fond sur le six-pans de la noix.

En général, toutes les vis doivent être serrées à fond. Il faut agir avec ménagement sur la vis de détente, afin de ne pas gêner le jeu de cette pièce. S'assurer toujours que la détente ou la gâchette joue librement avant de remettre la sous-garde ou la platine sur le bois.

Il est interdit d'ôter les vis de plaque de couche.

2° NETTOYAGE ET GRAISSAGE.

Canon.

A la suite de chaque séance de tir, l'arme a besoin d'être nettoyée; après avoir exécuté le démontage ordinaire, et séparé la culasse mobile de sa boîte, le premier soin doit être le lavage du canon.

Attacher un morceau de chiffon à l'extrémité d'une baguette en bois et l'introduire dans le canon ; plonger la bouche du canon dans de l'eau contenue, si c'est possible, dans un baquet en bois, pour ne pas dégrader le canon, imprimer à la baguette un mouvement de va-et-vient ; changer l'eau jusqu'à ce que, tous les résidus de poudre étant enlevés, l'eau sorte du canon aussi claire qu'en y entrant. Faire ensuite égoutter le canon, la bouche en bas ; enlever le linge mouillé et le remplacer au bout de la baguette par un linge sec pour essuyer l'âme ; changer le linge jusqu'à ce qu'il ne reste plus aucune trace d'humidité ; essuyer ensuite l'extérieur du canon, la boîte de culasse et toute la chambre avec le plus grand soin.

Le canon lavé et essuyé, graisser l'intérieur avec un chiffon gras attaché au bout de la baguette en bois ; passer la pièce grasse sur toutes les parties extérieures du canon.

Culasse mobile.

Les pièces de la culasse mobile sont aussi nettoyées avec soin ; essuyer le tire-cartouche, le percuteur et les ressorts dans toutes leurs parties ; s'assurer que le percuteur fonctionne bien dans son logement avant de remonter la culasse mobile sur le canon.

Mettre ensuite une goutte d'huile à la tige du percuteur et à la charnière de la culasse mobile.

Platine.

Lorsque la platine n'a pas besoin d'un nettoyage à fond et qu'elle peut être mise en état sans être démontée, l'essuyer soigneusement avec un linge sec, en enlevant la vieille graisse à l'aide de curettes ; nettoyer la fraisure du chien avec un linge humide et l'essuyer ensuite avec un linge sec.

Graisser la platine extérieurement avec la pièce grasse, intérieurement avec une brosse douce frottée sur la pièce grasse ; enfin mettre une goutte d'huile au rouleau du ressort, aux crans de la noix, aux pivots de la chaînette, de la noix et de gâchette.

Monture.

Essuyer la monture avec un linge sec, et, au besoin, la frotter avec un morceau de drap imbibé d'huile.

Pièces en fer ou en acier non rouillées.

Les frotter avec un linge sec, puis les passer à la pièce grasse.

Pièces rouillées.

Si les pièces sont légèrement rouillées, les frotter avec un linge couvert de brique brûlée, pulvérisée, tamisée et délayée dans de la graisse. Si les pièces sont fortement rouillées, employer l'émeri préparé comme la brique, et frotter avec des curettes de bois tendre ou avec une brosse rude; essuyer ensuite les pièces avec un linge sec, et ne jamais laisser ni émeri, ni brique, ni aucune substance dans les trous des vis ou dans les encastrements.

Quand on frotte le canon, le poser à plat sur une table ou sur un banc, afin de ne pas le fausser; finir par le graissage des pièces.

Pièces en cuivre.

Les pièces en cuivre se nettoient avec du tripoli ou de la brique pilée et un peu de vinaigre ou d'eau-de-vie. Frotter avec un linge ou un morceau de drap, jamais avec une brosse ou une curette.

Observations.

Le poli brillant pour les pièces en fer et en acier est expressément défendu; les pièces, légèrement onctueuses, doivent être d'un blanc mat.

On aura soin de mettre une goutte d'huile à toutes les pièces qui éprouvent un frottement.

Dans les chambres, les armes ne seront jamais chargées; le chien sera au cran de sûreté dans les chambres comme à l'exercice.

ÉCOLE DU PELOTON A PIED.

ARTICLE Ier.

92. Les canonniers qui composent le peloton sont en veste, schako et armés (ceux des batteries à cheval ont le sabre au crochet).

Le peloton est composé de vingt-quatre ou trente-deux hommes (12 ou 16 files), y compris quatre brigadiers placés aux ailes de chaque rang; un sous-officier est placé en serre-file à un pas en arrière du centre; un autre sous-officier, sous le nom de *sous-instructeur*, est chargé de seconder l'instructeur.

Lorsqu'on rompt le peloton pour marcher en colonne, le sous-instructeur, au commandement préparatoire, se porte à un pas (2/3 de mètre) en avant des premières files; le serre-file se porte sur le flanc opposé au guide et à hauteur du centre de la colonne. Dans toutes les formations et marches en bataille, le sous-instructeur se tient à un pas (2/3 de mètre) en avant du centre de peloton, pour y tenir la place du chef de peloton, l'instructeur devant être libre de ses mouvements afin de mieux surveiller l'instruction.

Le serre-file conserve sa place de bataille.

Les canonniers règlent leur pas sur celui du sous-instructeur; le serre-file y veille attentivement.

Chaque mouvement est exécuté d'abord au *pas ordinaire*, ensuite au *pas accéléré*.

Tous les mouvements sont exécutés sur deux rangs, excepté la marche en colonne et les conversions, qui le sont d'abord par rang.

Tous les mouvements de rupture et de formation sont, en outre, exécutés de pied ferme, et en les décomposant, pour en faire mieux comprendre le mécanisme.

L'instructeur fait chaque jour changer les canonniers de rang, et met au deuxième ceux qui, la veille, étaient au premier, afin de leur donner une égale habitude des deux rangs.

Chaque mouvement, après avoir été correctement exécuté par la droite, doit être répété par la gauche.

L'instructeur fait toujours compter par quatre, dès que le peloton est formé. Pendant le travail, on ne fait plus recompter; mais si quelque canonnier change de place, on lui indique son nouveau numéro, et si un canonnier du premier rang vient à manquer, il est remplacé par un du deuxième, dont la place reste vide.

Principes généraux d'alignement;
Alignement successif des files dans le peloton;
Alignement du peloton;
Ouvrir et serrer les rangs;
Faire reculer le peloton;
Marche directe en colonne par le flanc; } sur un
Changement de direction; } et
Marche oblique individuelle; } deux rangs.
Le peloton marchant par le flanc, le former en avant sur la droite en bataille;
Former le peloton à gauche sur un rang;
Former le peloton à droite sur deux rangs;
Maniement des armes.

93. Le peloton étant formé sur deux rangs serrés, les canonniers au *port d'armes*, l'instructeur commande :

Dans chaque rang = COMPTEZ-VOUS (par) QUATRE.

A la dernière partie du commandement, qui est QUATRE, les canonniers se comptent dans chaque rang, de la droite à la gauche, en prononçant à haute et intelligible voix, sur le même ton, sans se presser et sans tourner la tête : *un*, *deux*, *trois*, *quatre*, suivant la place que chacun occupe.

Principes généraux d'alignement.

94. Les canonniers, pour s'aligner, doivent accorder leurs épaules sur celles de leurs voisins du côté de l'alignement, et fixer les yeux sur la ligne des yeux, de manière à apercevoir la poitrine du deuxième canonnier de leur rang du même côté : à cet effet, ils doivent tourner la tête sans cesser de rester carrément dans le rang, et sentir légèrement du coude le coude de son voisin du côté de l'alignement.

Les canonniers du deuxième rang, indépendamment de l'alignement, doivent être exactement derrière leurs chefs de file, ayant soin de conserver trente-trois centimètres (1 pied) de distance, mesurés des épaules des hommes du premier rang à la poitrine des hommes du deuxième rang.

Alignement successif des files dans le peloton.

95. Avant de commander l'alignement, on fait toujours porter les armes.

L'instructeur fait porter les deux files de droite ou de gauche à trois pas (2 mètres) en avant, et les aligne parallèlement au peloton, par les commandements : 1. *Deux files de droite* (ou *de gauche*) *en avant*; 2. MARCHE. 3. HALTE, 4. *A droite* (ou *à gauche*) = ALIGNEMENT; 5. FIXE.

Ensuite il commande :

1. *Par file* = *à droite* (ou *à gauche*) = ALIGNEMENT.
2. FIXE.

(*Pl. V*, fig. *A*.)

A la dernière partie du premier commandement qui est ALIGNEMENT, chaque file se porte successivement en avant, sans à-coup; les canonniers tournant la tête à droite ou à gauche en raccourcissant les derniers pas, afin d'arriver à hauteur des files déjà formées, sans dépasser l'alignement, observant de conserver la tête à droite ou à gauche jusqu'au commandement FIXE. Chaque file exécute le même mouvement lorsque celle qui la précède est arrivée à hauteur de la base d'alignement, de manière qu'il n'y ait jamais qu'une file qui s'aligne à la fois.

Au commandement FIXE, replacer la tête directe.

L'instructeur fait le commandement FIXE lorsque la dernière file est alignée.

(*Pl. V*, fig. *B*.)

96. Les canonniers exécutant correctement ces alignements, on répète cette instruction en donnant aux deux files de droite une direction oblique. A cet effet, l'instructeur ayant fait porter ces files à deux pas (1 mètre 1/3,

en avant, comme il a été prescrit, leur fait exécuter un *demi à-droite* ou un *demi à-gauche*, et marcher ensuite deux pas dans cette nouvelle direction.

Le peloton se trouvant ainsi démasqué, le reste du mouvement s'exécute par les commandements et suivant les principes prescrits nº 94; chaque file, lorsqu'elle est près d'arriver vis-à-vis de la place qu'elle doit occuper, exécute un *demi à-droite* ou un *demi à-gauche*, afin qu'ayant quitté le peloton par une ligne droite, elle arrive sur le nouvel alignement par une autre ligne droite.

97. L'instructeur fait ensuite reculer de trois pas (1 mètre) (1) les deux files de droite ou de gauche, et les aligne parallèlement au peloton vis-à-vis de la place qu'elles y occupaient, par les commandements : 1. *Deux files de droite* (ou *de gauche*) *en arrière*; 2. MARCHE; 3. HALTE; 4. *A droite* (ou *à gauche*) = ALIGNEMENT; 5. FIXE.

Ensuite il commande :

1. *Par file = en arrière à droite* (ou *à gauche*) = ALIGNEMENT.
2. FIXE.

(*Pl. V*, fig. *C.*)

A la dernière partie du premier commandement, qui est ALIGNEMENT, chaque file recule successivement bien droit, les canonniers tournant la tête à droite ou à gauche et dépassant un peu en arrière les files déjà formées, afin de se reporter ensuite à leur hauteur par un mouvement en avant, ce qui rend l'alignement plus facile.

Les canonniers du premier rang reculent lentement; les canonniers du deuxième rang se règlent sur leur chef de file, afin de conserver toujours leur distance pendant le mouvement.

Au commandement FIXE, replacer la tête directe.

L'alignement en arrière donne le moyen de réparer une faute en rentrant dans l'alignement lorsqu'il a été dépassé; mais il est de principe de l'éviter autant que possible.

98. L'instructeur fait ensuite aligner par deux (ou par quatre); à cet effet, il fait porter en avant les

(1) Le pas en arrière n'est que d'un pied.

deux ou quatre files de droite, comme il a été prescrit, et il commande :

1. *Par deux files* (ou *par quatre files*) *à droite* (ou *à gauche*) = ALIGNEMENT.
2. FIXE.

A la dernière partie du premier commandement, qui est ALIGNEMENT, les files s'alignent successivement par deux (ou par quatre), suivant les principes prescrits pour s'aligner par un, ayant de plus l'attention de partir ensemble et d'arriver sur l'alignement sans se désunir.

Au commandement FIXE, replacer la tête directe.

99. L'instructeur veille à ce que les canonniers s'alignent sur la poitrine du deuxième homme qui les précède, et non sur l'extrémité du rang ; à ce qu'ils ne soient ni serrés ni ouverts ; enfin à ce que ceux du deuxième rang soient exactement derrière leurs chefs de file.

Il habitue aussi les cannonniers à juger promptement de leur alignement.

100. Pendant l'alignement, l'instructeurt se place en face des canonniers pour s'assurer qu'ils exécutent l'alignement d'après les principes prescrits. Pour l'alignement successif des files dans le peloton, le sous-instructeur est placé perpendiculairement au flanc de la troupe, faisant face à gauche si l'alignement est à droite, et faisant face à droite si l'alignement est à gauche. Il veille à ce que les canonniers s'arrêtent juste à la même hauteur, et il rectifie l'alignement à voix basse. Au commandement FIXE, il reprend sa place devant le peloton.

Alignement du peloton.

101. Le peloton étant en bataille, l'instructeur place le brigadier de l'aile sur laquelle il veut aligner, de manière qu'aucun canonnier ne soit forcé de reculer, et il commande :

1. *A droite* (ou *à gauche*) = ALIGNEMENT.
2. FIXE.

A la deuxième partie du commandement, qui est ALI-

GNEMENT, tous les canonniers s'alignent promptement, mais sans à-coup, ayant l'attention de ne pas se serrer.

Au commandement FIXE, replacer la tête directe.

102. Dans tous les alignements, on doit habituer le brigadier de l'aile opposée à s'aligner promptement sur celui de l'alignement, sans avoir égard à l'alignement individuel des canonniers.

Ouvrir et serrer les rangs.

103. Pour faire ouvrir et serrer les rangs, l'instructeur commande :

1. *En arrière, ouvrez vos rangs.*
2. MARCHE.
3. *A droite* = ALIGNEMENT.
4. FIXE.

(*Pl.* V, fig. *D.*)

Au commandement MARCHE, le premier rang reste immobile, le deuxième recule de douze pas (4 mètres) (1), chaque canonnier conservant la direction de son chef de file : le serre-file recule de manière à se trouver à six pas (4 mètres) du deuxième rang. Le sous-instructeur se porte à six pas (4 mètres) en avant, et fait face à la troupe par un *demi-tour à droite.*

Au commandement *à droite* = ALIGNEMENT, les canonniers du deuxième rang s'alignent à droite.

Au commandement FIXE, replacer la tête directe.

104. Pour faire serrer les rangs, l'instructeur commande :

1. *Serrez vos rangs.*
2. MARCHE.
3. *A droite* = ALIGNEMENT.
4. FIXE.

(*Pl.* V, fig. *E.*)

Au commandement MARCHE, le deuxième rang serre sur le premier, à un tiers de mètre (1 pied) de distance, chaque canonnier ayant soin de conserver la direction de son chef

---

(1) Le pas en arrière n'est que d'un pied.

de file; le sous-instructeur reprend sa place au centre du peloton par un *demi-tour à droite*, et le serre-file se remet à sa distance. Au commandement *A droite* = ALIGNEMENT, les canonniers s'alignent à droite. Au commandement FIXE, replacer la tête directe.

Avant de faire ouvrir ou serrer les rangs, on fait toujours porter les armes.

Faire reculer le peloton.

105. Le peloton étant de pied ferme, l'instructeur commande :

1. *Peloton en arrière.*
2. *Guide à droite* (ou *à gauche*).
3. MARCHE.

Au commandement MARCHE, tous les canonniers reculent à la fois, suivant les principes prescrits no 33, se réglant du côté du guide.

Marche directe en colonne par un.

106. Chaque rang est exercé d'abord séparément à la marche en colonne par un. A cet effet, les rangs étant ouverts, l'instructeur fait commander le deuxième rang par le sous-instructeur et commande lui-même le premier.

On commande :

1. *Canonniers à droite* (ou *à gauche*).
2. (à) DROITE (ou [à] gauche).

Comme il est prescrit au no 10.

On commande ensuite :

1. *Colonne en avant.*
2. MARCHE.

(*Pl. V*, fig. *D*.)

Au commandement MARCHE, tous les canonniers partent ensemble du pied gauche. Chaque canonnier se maintient, autant que possible, à la même distance de celui qui le précède, et exactement derrière lui, de manière que sa tête lui cache celles des canonniers qui sont en avant. Les canonniers doivent avoir la tête directe et ne pas regarder les pieds de celui qui précède, afin de conserver les distances; ils doivent maintenir les épaules carrément dans la direction, ne pas tourner les pieds trop en dehors, et marcher sans se balancer.

107. La colonne étant en marche, pour l'arrêter, on commande :

1. *Colonne.*
2. HALTE.

Au commandement *Colonne*, le canonnier qui est en tête marque le pas, et chacun serre à sa distance.

Au commandement HALTE, toute la colonne arrête et personne ne bouge plus.

L'instructeur veille à ce qu'en reprenant leur distance les canonniers ne se serrent pas trop.

108. Pour remettre les canonniers face en tête, on commande :

1. FRONT.
2. *A droite* (ou *à gauche*) = ALIGNEMENT.
3. FIXE.

Au commandement FRONT, chaque canonnier fait front par un *à-gauche* ou par un *à-droite*.

Au commandement FIXE, replacer la tête directe.

109. Quand on a fait *canonniers à-droite*, au commandement FRONT, on exécute un *à-gauche*; quand on a fait *canonniers à-gauche*, on fait front par un *à droite*; quand on fait front par un *à-gauche*, l'alignement est à droite; et quand on a fait front par un *à-droite*, l'alignement est à gauche.

Changement de direction.

110. Chaque rang étant en marche séparément, on commande :

1. *Tournez* = (à) DROITE (ou [à] GAUCHE).
2. *En* = AVANT.

A la dernière partie du premier commandement, qui est DROITE (ou GAUCHE), le premier canonnier tourne du côté indiqué sans raccourcir le pas. Chaque canonnier tourne successivement sur le terrain où le premier a tourné.

A la dernière partie du deuxième commandement, qui est AVANT, le premier canonnier se porte droit devant lui dans la nouvelle direction ; il est suivi par les autres.

Marche oblique individuelle.

111. Chaque rang étant en marche séparément, on commande :

1. *Oblique à gauche* (ou *à droite.*)
2. MARCHE.

(*Pl. VI*, fig. *B.*)

Au commandement MARCHE, chaque canonnier exécute un *quart d'à-gauche* ou un *quart d'à-droite*, et, le mouvement achevé, se porte droit devant lui dans sa nouvelle direction, tous suivant des lignes parallèles, et se réglant à gauche ou à droite pour se maintenir à la même hauteur et conserver leurs distances.

Pour faire reprendre la direction primitive, l'instructeur commande :

En = AVANT.

A la dernière partie du commandement, qui est AVANT, les canonniers se redressent par un *quart d'à-droite* en avançant, et se portent droit devant eux.

Les obliques, avant d'être exécutés en marchant, le sont d'abord de pied ferme, en se conformant, pour le commandement, à ce qui est prescrit au n° 12.

112. Tous ces mouvements s'exécutent correctement par rang; l'instructeur réunit le peloton et les fait exécuter de nouveau par les deux rangs à la fois.

Marche directe en colonne par le flanc.

113. Les principes de la marche en colonne par un sont applicables à la marche en colonne par le flanc.

Dans la marche en colonne par le flanc, les canonniers du premier rang sont guides; ils se maintiennent à leur distance et dans la direction de ceux qui précèdent. Les canonniers du deuxième rang marchent à hauteur de leur chef de file, en sentant légèrement le coude de ce côté et cédant à la pression qui en vient.

Changements de direction.

114. Le peloton étant en colonne, par le flanc et en marche, l'instructeur commande :

Tête de colonne à gauche (ou *à droite*).

(*Pl. VI*, fig. *C.*)

Le sous-instructeur commande alors :

1. *Tournez* = (à) GAUCHE (ou [à] DROITE).
2. *En* = AVANT.

A la dernière partie du premier commandement, qui est GAUCHE (ou DROITE), le canonnier placé du côté vers lequel la conversion s'exécute tourne comme il est prescrit n° 110, et celui placé du côté opposé tourne en allongeant le pas, sentant le coude de son voisin et cédant à sa pression.

Marche oblique individuelle

115. La colonne étant en marche par le flanc, l'instructeur commande :

1. *Oblique à gauche* (ou *à droite*).
2. MARCHE.

(*Pl. VI*, fig. *D.*)

Au commandement MARCHE, chaque canonnier exécute un *quart d'à-gauche* ou un *quart d'à-droite.*

Le canonnier de gauche ou de droite, du premier rang, qui est le guide de la colonne, se porte droit devant lui dans la nouvelle direction, parallèlement au sous-instructeur. Le canonnier de gauche ou de droite de chacun des autres rangs, qui est le guide de son rang, se porte aussi en avant, ayant l'œil sur le guide de la colonne, pour se maintenir à sa hauteur en suivant une direction parallèle. Les canonniers du côté opposé se portent en avant, ayant l'œil à gauche ou à droite, pour s'aligner sur leur guide et se maintenir à sa hauteur; ils ont l'épaule du côté de l'oblique placée en arrière de la sienne.

Pour faire reprendre la direction primitive, l'instructeur commande :

En = AVANT.

A la dernière partie du commandement, qui est AVANT, les canonniers se redressent par un *quart d'à-droite* ou un *quart d'à-gauche* en avançant, et se portent droit devant eux, en se conformant aux principes de la marche directe par le flanc.

Les canonniers, dans ce mouvement, n'ayant plus le contact des coudes, ne peuvent se maintenir alignés qu'en prenant des directions bien parallèles et en conservant l'égalité du pas.

116. Pour rectifier les distances, le degré d'obliquité, et s'assurer que les guides, ainsi que les autres canonniers, sont dans la même direction, l'instructeur peut faire arrêter la colonne aux commandements : 1. *Colonne*; 2. HALTE.

Il remet ensuite la colonne en mouvement dans la direction oblique, en commandant : *Colonne en avant*; 2. MARCHE.

Le peloton marchant par le flanc, le former en avant ou sur la droite en bataille.

117. La colonne étant en marche, la droite en tête, pour la former en avant en bataille, l'instructeur commande :

1. *En avant en bataille.*
2. MARCHE.
3. HALTE.
4. *A droite* = ALIGNEMENT.
5. FIXE.

(*Pl. VII*, fig. A.)

Au commandement MARCHE, le premier canonnier du premier rang continue à marcher droit devant lui. Le premier canonnier du deuxième rang, qui marche à hauteur de son chef de file, raccourcit le pas et se place derrière lui en obliquant à gauche.

Tous les autres canonniers, obliquant de suite à gauche, viennent se placer successivement à la gauche des premiers ; chaque canonnier s'arrête à hauteur du rang dont il fait partie, porte les armes et s'aligne à droite.

Au commandement FIXE, replacer la tête directe.

L'instructeur commande HALTE, lorsque le premier canonnier a marché vingt pas. Il fait le commandement *A droite* = ALIGNEMENT immédiatement après celui HALTE, et il ne commande FIXE que lorsque la dernière file est alignée.

118. La colonne marchant la gauche en tête, le mouvement s'exécute suivant les mêmes principes et par les moyens inverses, aux commandements : 1. *En avant en bataille*; 2. MARCHE; 3. HALTE; 4. *A gauche* — ALIGNEMENT; 5. FIXE.

119. La colonne étant en marche, la droite en tête; pour la former en bataille sur le prolongement en avant de son flanc droit, l'instructeur commande :

1. *Sur la droite en bataille.*
2. MARCHE.
3. HALTE.
4. *A droite* = ALIGNEMENT.
5. FIXE.

(*Pl. VII*, fig. *B*.)

Au commandement MARCHE, les deux premiers canonniers tournent à droite et se portent en avant dans cette nouvelle direction. Aussitôt après avoir tourné, le premier canonnier de deuxième rang, qui marche à hauteur de son chef de file, raccourcit le pas et se place derrière lui en obliquant à gauche.

Tous les autres canonniers continuent de marcher droit devant eux, ne tournant que successivement et à un pas plus loin que les canonniers qui précèdent; ceux du deuxième rang raccourcissent le pas, après la conversion, pour se placer derrière leur chef de file; chaque file se place à la gauche de celles déjà formées. Chaque canonnier s'arrête à la hauteur du rang dont il fait partie, porte les armes et s'aligne à droite.

L'instructeur se conforme, pour faire les commandements HALTE, *A droite* — ALIGNEMENT et FIXE, à ce qui est prescrit nº 117.

120. La colonne marchant la gauche en tête, le mouvement s'exécute suivant les mêmes principes et par les moyens inverses, aux commandements : 1. *Sur la gau-*

che en bataille ; 2. MARCHE ; 3. HALTE ; 4. *A gauche* = ALIGNEMENT ; 5. FIXE.

121. Ces mouvements sont exécutés, d'abord, la colonne étant arrêtée.

L'instructeur exige que les canonniers marchent bien unis jusqu'après leurs conversions, et qu'alors seulement le canonnier du deuxième rang raccourcisse le pas et se place derrière son chef de file.

L'instructeur se tient du coté de la formation et en arrière de la nouvelle ligne, jusqu'à ce que la dernière file soit formée ; il veille à ce que les canonniers exécutent le mouvement correctement et ne se trompent pas de rang ; le sous-instructeur se conforme à tout ce qui a été prescrit pour les *alignements successifs* N° 100.

Former le peloton à gauche sur un rang.

122. Le peloton étant formé sur deux rangs et au port d'armes, l'instructeur commande :

1. *A gauche sur un rang.*
2. MARCHE.
3. HALTE.
4. FRONT.
5. *A droite* = ALIGNEMENT.
6. FIXE.

(*Pl. VII*, fig. *C*.)

Au commandement MARCHE, les canonniers du premier rang ne bougent pas ; ceux du deuxième rang font *canonniers à gauche* et se portent ensemble droit devant eux.

Au commandement HALTE, les canonniers s'arrêtent.

Au commandement FRONT, ils font un *à-droite*.

Au commandement *A droite* = ALIGNEMENT, les canonniers du deuxième rang se portent à hauteur du premier rang et s'alignent sur lui.

Au commandement FIXE, replacer la tête directe.

L'instructeur ne fait le commandement HALTE que lorsque le canonnier de droite du deuxième rang arrive à hauteur du canonnier de gauche du premier rang.

Former le peloton à droite sur deux rangs.

123. Le peloton étant sur un rang et au port d'armes, l'instructeur commande :

1. *A droite sur deux rangs.*
2. MARCHE.
3. *A droite* = ALIGNEMENT.
4. FIXE.

(*Pl. VII, fig. D.*)

Au commandement MARCHE, les canonniers du premier rang se portent en avant, à un pas (2/3 de mètre); ceux du deuxième rang font *canonniers à droite* et se portent ensemble droit devant eux ; chacun, s'arrêtant derrière son chef de file, fait front sans commandement.

Au commandement *A droite* = ALIGNEMENT, les canonniers s'alignent à droite.

Au commandement FIXE, replacer la tête directe.

Maniement des armes.

124. Le peloton étant en bataille est exercé au maniement des armes, d'abord à rangs ouverts, puis à rangs serrés.

L'instructeur s'attache à donner de l'ensemble aux canonniers, et, s'il le juge nécessaire, il fait exécuter le maniement des armes, par temps et mouvements, en faisant les commandements 2, 3, 4, etc., mais sans explication.

125. Dans une troupe composée de canonniers armés de mousquetons et d'autres armés de sabres seulement, ces derniers, s'ils ont le sabre à la main, au commandement *Portez* = (vos) ARMES, prennent la position régulière du port du sabre ; s'ils ne l'ont pas à la main, à la première partie du commandement qui est *Portez*, ils exécutent le premier temps du *Sabre* = (à la) MAIN, ainsi qu'il a été prescrit pour le premier et le deuxième rang. A la dernière partie du commandement, qui est ARMES, ils exécutent le deuxième temps.

Au commandement l'*Arme* = (au) BRAS, ou l'*Arme sur l'épaule* = DROITE, les canonniers armés du sabre allongent le bras droit en maintenant le sabre entre le premier, et le deuxième doigt, le pouce par-dessus la monture ou la croisière.

Pour rompre les rangs, au commandement *Présentez* = (vos) ARMES, les canonniers armés du sabre présentent le sabre.

Au commandement *Haut* = (les) ARMES, ils exécutent le deuxième temps de *Remettez* = (le) SABRE.

ARTICLE II

Le peloton étant en bataille, rompre par quatre files à droite.

Marche directe en colonne par quatre.

Changement de direction.

Marche oblique individuelle.

Le peloton marchant en colonne par quatre, le former en avant, à gauche et sur la droite en bataille.

Maniement des armes.

Des feux.

Le peloton étant en bataille, rompre par quatre files à droite.

126. L'instructeur commande :

1. *Par quatre files à droite.*
2. MARCHE.
3. HALTE.

(*Pl. VIII*, fig. A.)

Au premier commandement, le sous-instructeur se place à un pas (2/3 de mètre) en avant des quatre files de droite.

Au commandement MARCHE, les numéros 1 du premier rang, qui sont *pivots*, tournent sur eux-mêmes, en marquant le pas; les numéros 4, qui sont *ailes marchantes*, déboîtent franchement et conversent à droite, en tournant la tête du côté du pivot, afin de ne se rapprocher ni s'écarter de lui; les numéros 2 et 3 exécutent leur mouvement, tournant la tête du côté de l'aile marchante, réglant sur elle leur degré de vitesse, et sentant le coude du côté du pivot, pour ne pas s'en séparer.

Les canonniers du deuxième rang suivent les canonniers du premier, en appuyant vers l'aile marchante dès qu'elle a déboîté.

Au commandement Halte, les canonniers s'arrêtent; ceux du deuxième rang se replacent à leurs chefs de file et à leurs distances.

L'instructeur commande Halte, au moment où les conversions sont près de finir.

Dans cet ordre en colonne, tous les premiers rangs de quatre conservent entre eux une distance égale à leur front, trois pas un quart (2 mètres 16 centimètres).

127. Pour rompre le peloton par quatre files à gauche, le mouvement s'exécute d'après les mêmes principes et par les moyens inverses, aux commandements : 1. *Par quatre files à gauche*; 2. Marche; 3. Halte.

128. La colonne étant la droite en tête et arrêtée, pour remettre le peloton en bataille, l'instructeur commande :

1. *Par quatre files à gauche.*
2. Marche.
3. Halte.
4. *A droite* = alignement.
5. Fixe.

Ce qui s'exécute comme il est prescrit nº 126 et par les moyens inverses.

Marche directe en colonne par quatre.

129. Dans la marche en colonne par quatre la droite en tête, ce sont les numéros 4 qui sont guides; quand on a la gauche en tête, ce sont les numéros 1.

Le guide du premier rang de quatre, qui est guide de la colonne, doit marcher droit devant lui, en conservant sa direction; et régler sa vitesse de manière que le premier rang de quatre, qui s'aligne sur lui, soit toujours à un pas (2/3 de mètre) du sous-instructeur, qui marche en tête de la colonne.

Le guide de chaque rang doit conserver la tête directe, et se maintenir toujours à sa distance et dans la direction du guide du premier rang des quatre files qui le précèdent; les trois autres canonniers de chaque rang de quatre s'alignent sur le guide de leur rang, en sentant légèrement le coude, en donnant un coup d'œil de son côté ; ils cèdent à la pression qui vient de son côté et résistent à celle du côté opposé.

Dans la marche en colonne par quatre, l'instructeur veille à ce que les guides des premiers rangs soient à leurs distances, afin de pouvoir se reformer en *bataille* par un mouvement général.

130. Pour porter la colonne en avant, l'instructeur commande :

1. *Colonne en avant.*
2. MARCHE.
3. *Guide à gauche.*

(*Pl. VIII*, fig. *B.*)

Au commandement MARCHE, tous les canonniers partent ensemble, se réglant sur le guide.

Après avoir donné à la colonne un point de direction, l'instructeur fait marcher pendant quelque temps sans changer de direction, pour donner aux canonniers les moyens de mettre en pratique les principes de la marche directe.

131. Pour arrêter la colonne, l'instructeur commande :

1. *Colonne.*
2. HALTE.

Au commandement HALTE, tous les canonniers arrêtent et ne bougent plus, quand même les distances seraient perdues.

Les canonniers sont exercés à passer du *pas ordinaire* au *pas accéléré*, et du *pas accéléré* au *pas ordinaire*.

Changement de direction.

132. La colonne marchant par quatre, la droite ou la gauche en tête, l'instructeur commande :

Tête de colonne à gauche (ou *à droite*).

A ce commandement, le sous-instructeur commande :

1. *Tournez* = (à) GAUCHE.
2. *En* = AVANT.

A la dernière partie du premier commandement, qui est GAUCHE, le premier rang de quatre tourne à gauche ;

le pivot tourne au même pas, en décrivant un arc de cercle de cinq pas (3 mètres 1/3). Le canonnier placé à l'aile opposée tourne en allongeant le pas; les autres canonniers tournent la tête du côté de l'aile marchante, afin de régler sur elle leur degré de vitesse, et sentent légèrement le coude du côté du pivot.

A la deuxième partie du deuxième commandement, qui est AVANT, le premier rang de quatre reprend la marche directe, et chaque canonnier le degré de vitesse auquel il marchait avant la conversion.

Chaque rang de quatre tourne successivement sur le même terrain où a tourné le premier.

Le sous-instructeur fait le commandement *En* = AVANT lorsque la conversion du premier rang est presque terminée. L'instructeur exige, dans ce changement de direction, que tous les rangs de quatre marchent droit, sans se jeter du côté opposé à la conversion, et sans que le canonnier du pivot raccourcisse le pas, ni que celui de l'aile marchante allonge le sien avant d'arriver au point de la conversion. Pour changer de direction à droite, le mouvement s'exécute suivant les mêmes principes et par les moyens inverses, au commandement *Tête de colonne à droite.*

Marche oblique individuelle.

133. La colonne étant en marche, l'instructeur commande :

1. *Oblique à gauche.*
2. MARCHE.

(*Pl. VIII*, fig. *C.*)

Au commandement MARCHE, chaque canonnier exécute un *quart d'à-gauche;* le canonnier de gauche du premier rang de quatre, qui est le guide de la colonne, se porte droit devant lui dans la nouvelle direction et parallèlement au sous-instructeur.

Le canonnier de gauche de chacun des autres rangs, qui est guide de son rang, se porte aussi en avant, ayant l'œil sur le guide de la colonne, pour se maintenir à sa hauteur, en suivant une direction parallèle. Les autres canonniers de chaque rang, n'ayant plus le contact des coudes, donnent un coup d'œil sur la ligne des épaules de leurs voisins du côté du guide, et règlent leur pas de manière que leur épaule soit toujours en arrière de celle de leur voisin de ce côté, et que sa tête leur cache celles des autres canonniers du rang. Tous les autres canonniers doivent en outre conserver l'égalité du pas et le même degré d'obliquité.

Pour faire reprendre la direction primitive, l'instructeur commande :

En = AVANT.

A la dernière partie du commandement, qui est AVANT, chaque canonnier exécute un *quart d'à-droite*, en avançant, et tous se portent droit devant eux, en se conformant aux principes de la marche directe.

Le mouvement *oblique à droite* s'exécute par les moyens inverses.

134. Pour rectifier les distances, le degré d'obliquité, et s'assurer que les guides, ainsi que les autres canonniers, sont dans la même direction, l'instructeur peut faire arrêter la colonne aux commandements : 1. *Colonne;* 2. HALTE.

Il remet ensuite la colonne en mouvement dans la direction oblique aux commandements : 1. *Colonne en avant;* 2. MARCHE.

Le peloton marchant en colonne par quatre, le former en avant, à gauche ou sur la droite en bataille.

135. La colonne marchant la droite en tête, pour la former en avant en bataille, l'instructeur commande :

1. *En avant en bataille.*
2. MARCHE.
3. HALTE.
4. *A droite* = ALIGNEMENT.
5. FIXE.

(*Pl. IX*, fig. A.)

Au commandement MARCHE, les quatre premières files continuent de marcher droit devant elles ; les autres rangs de quatre obliquent à gauche, marchent dans cette direction, et se redressent par un *quart d'à-droite* vis-à-vis de la place qu'ils doivent occuper dans le peloton.

Lorsque les premières files ont marché vingt pas, l'instructeur commande HALTE. A ce commandement, elles s'arrêtent bien carément; les autres viennent se former successivement à leur gauche en s'alignant à droite.

Au commandement FIXE, replacer la tête directe.

L'instructeur fait le commandement *A droite* = ALIGNEMENT immédiatement après celui de HALTE, et ne commande FIXE que lorsque les quatre dernières files sont alignées.

136. La colonne marchant la gauche en tête, le mouvement s'exécute suivant les mêmes principes et par les moyens inverses, aux commandements : 1. *En avant en bataille*; 2. MARCHE; 3. HALTE; 4. *A gauche* = ALIGNEMENT; 5. FIXE.

137. La colonne marchant la droite en tête, pour la former en bataille sur son flanc gauche, l'instructeur commande :

1. *Par quatre files à gauche.*
2. MARCHE.
3. HALTE.
4. *A droite* = ALIGNEMENT.
5. FIXE.

Au commandement *Par quatre files à gauche*, les numéros 4 se préparent à tourner sur eux-mêmes; au commandement MARCHE, on se conforme à ce qui est prescrit N° 128.

138. La colonne marchant la gauche en tête, pour la former en bataille sur son flanc droit, le mouvement s'exécute suivant les mêmes principes et par les moyens inverses, aux commandements : 1. *Par quatre files à droite*; 2. MARCHE; 3. HALTE; *A droite* = ALIGNEMENT; 5. FIXE.

139. La colonne marchant la droite en tête, pour la former en bataille sur le prolongement en avant de son flanc droit, l'instructeur commande :

1. *Sur la droite en bataille.*
2. MARCHE.
3. HALTE.
4. *A droite* = ALIGNEMENT.
5. FIXE.

(*Pl. IX*, fig. *B.*)

Au commandement MARCHE, les quatre premières files tournent à droite et se portent droit devant elles; les autres rangs de quatre continuent de marcher droit devant eux, et chacun tourne successivement à droite, à trois pas (2 mètres) au delà du point où a tourné le rang de quatre qui le précédait.

Lorsque les premières files ont marché vingt pas, l'instructeur commande HALTE. A ce commandement, elles s'arrêtent bien carrément; les autres viennent se former successivement à leur gauche, en s'alignant à droite.

Au commandement FIXE, replacer la tête directe.

L'instructeur fait le commandement *A droite* = ALIGNEMENT immédiatement après celui HALTE, et ne commande FIXE que lorsque les quatre dernières files sont alignées.

140. La colonne marchant la gauche en tête, pour la former en bataille sur le prolongement en avant de son flanc gauche, le mouvement s'exécute suivant les mêmes principes et par les moyens inverses, aux commandements : 1. *Sur la gauche en bataille;* 2. MARCHE; 3. HALTE; 4. *A gauche* = ALIGNEMENT ; 5. FIXE.

Maniement des armes.

Le peloton étant en bataille est exercé au maniement des armes à rangs ouverts et à rangs serrés.

Des feux.

141. Le peloton étant en bataille, l'instructeur commande :

1. *Feux de peloton.*
2. COMMENCEZ LE FEU.

Au premier commandement, le sous-instructeur se porte vivement derrière le centre du peloton, à six pas (4 mètres) en arrière du serre-file.

Au deuxième commandement, le sous-instructeur commande :

1. *Peloton.*
2. *Apprêtez* = (VOS) ARMES.
3. (*En*) JOUE.
4. *Feu*, ou *Redressez* = (VOS) ARMES.
5. CHARGEZ, ou *Portez* = (VOS) ARMES.

Ce qui s'exécute comme à l'*école du canonnier à pied*.

142. Les armes étant portées, le sous-instructeur fait aussitôt recommencer le feu par les mêmes commandements, et le feu continue jusqu'à la sonnerie *pour faire cesser le feu*; si l'instructeur n'a pas un trompette, il commande :

CESSEZ LE FEU.

A la sonnerie, ou à ce commandement, les canonniers achèvent de charger les armes et les portent; le sous-instructeur reprend sa place de bataille.

143. Pour faire exécuter les feux par le deuxième rang, l'instructeur commande :

1. *Feux en arrière.*
2. CANONNIERS, DEMI-TOUR = (à) DROITE.

Au premier commandement, le serre-file passe vivement par une des ailes du peloton, et se place à un pas (2/3 de mètre) en arrière du premier rang, devenu le deuxième, et vis-à-vis de sa place de bataille. Le sous-instructeur se porte également en arrière pour commander le feu.

Au deuxième commandement, les canonniers exécutent le *demi-tour*, et l'instructeur commande :

1. *Feux de peloton.*
2. COMMENCEZ LE FEU.

Ce qui s'exécute comme il est prescrit n° **142**, le deuxième rang prenant la position indiquée pour le premier, et le premier celle prescrite pour le deuxième.

L'instructeur fait cesser le feu comme il est prescrit n° **142**.

144. Pour remettre le peloton face en tête, l'instructeur commande :

CANONNIERS, DEMI-TOUR = (à) DROITE.

Pendant ce mouvement, le sous-instructeur et le serre-file reprennent leurs places.

145. L'instructeur veille à ce que les canonniers du deuxième rang se placent exactement à leurs créneaux, pour l'exécution des feux, et reprennent ensemble leurs chefs de file en portant les armes. Il recommande au sous-instructeur de ne mettre entre les commandements JOUE et FEU que l'intervalle nécessaire pour laisser aux canonniers le temps de bien ajuster. Il se place de manière à voir les deux rangs et à remarquer les fautes.

L'instructeur recommande aux canonniers le plus grand calme pendant les feux, sans que cela fasse rien perdre de la vivacité dans l'exécution. Il donne pour principe aux hommes du premier rang de conserver le talon gauche en place, afin que l'alignement ne soit pas dérangé; il vérifie, après les feux, si ce principe a été observé.

Lorsque les canonniers exécutent les feux correctement et avec ensemble, on les fait tirer à poudre.

ARTICLE III.

Marche du peloton en bataille.
Contre-marche.
Des conversions.
Conversions à pivot fixe.
Conversions à pivot mouvant.
Marche oblique individuelle.
Le peloton étant en bataille, rompre par quatre files à droite, et porter la colonne en avant; après la conversion, former le peloton.
Le peloton marchant en bataille, le rompre par quatre files à droite et le remettre en bataille sans arrêter.
Le peloton marchant en colonne par quatre, le mettre en colonne par le flanc sans arrêter.
Le peloton marchant en colonne par le flanc, le mettre en colonne par quatre sans arrêter.
Le peloton marchant en colonne par le flanc, le mettre de front sans arrêter.
Le peloton étant en bataille, faire face en arrière.
Maniement des armes et feux.

Marche du peloton en bataille.

146. Les principes de la marche directe donnent aux canonniers les moyens :

1° De conserver l'alignement en marchant sans se désunir;

2° De ne pas se serrer et de reprendre l'aisance quand ils sont serrés;

3° De ne par s'ouvrir et de se rapprocher quand ils se sont ouverts;

4° De ne pas jeter le guide hors de sa direction et de la lui laisser reprendre s'il a été forcé de s'en écarter.

147. Pour se maintenir alignés, les canonniers doivent sentir légèrement le coude de leur voisin du côté du guide, conserver l'aisance des files et marcher à un pas bien cadencé.

Dans tous les instants de la marche, les canonniers doivent céder à la pression qui vient du côté du guide et résister à celle qui vient du côté opposé.

Si les canonniers sont en avant ou en arrière de l'alignement, trop rapprochés ou trop écartés de leur voisin du côté du guide, ils s'en éloignent ou s'en rapprochent avec modération et en gagnant du terrain en avant.

148. Le brigadier de l'aile opposée au guide n'est pas astreint à conserver la tête directe. Il doit s'attacher à rester aligné sur le guide et sur l'ensemble de la troupe.

L''instructeur a l'attention de commander le guide à droite et à gauche alternativement, pour que les canonniers prennent une égale habitude des deux alignements.

Lorsqu'après avoir marché on arrête le peloton, l'alignement est commandé du côté où était le guide.

149. Lorsqu'on veut exercer le peloton à la marche directe, on le conduit sur un terrain où il puisse marcher longtemps sans changer de direction.

Le peloton étant en bataille, les canonniers alignés, l'instructeur indique au guide de droite ou de gauche un point fixe dans une direction perpendiculaire au front du peloton; il lui prescrit de prendre un point intermédiaire, de ne jamais perdre de vue ces deux points, afin de se maintenir toujours dans la direction, et d'en choisir un plus éloigné à mesure qu'il approche du premier qu'il a pris. Pour donner le point de direction, l'instructeur se place exactement derrière la file de droite ou de gauche, et indique au canonnier du premier rang un objet dans la campagne, immobile et apparent, telle qu'une maison, un clocher, un moulin, un arbre; il indique ce même objet au canonnier du deuxième rang, qui se maintient toujours à sa distance et en file, de manière que l'homme du premier rang lui cache le point de direction indiqué.

L'instructeur commande ensuite :

1. *Peloton en avant.*
2. *Guide à droite* (ou *à gauche*).
3. Marche.

Au commandement Marche, les canonniers partent tous ensemble; ils règlent leur pas sur celui du sous-instructeur, qui marche devant le front du peloton; s'ils le perdent, l'instructeur commande :

Au pas.

Pendant la durée de la marche, l'instructeur se porte, tantôt sur le flanc du côté du guide, pour s'assurer que les canonniers marchent à la même hauteur, tantôt derrière le guide, pour veiller à ce qu'il suive la direction indiquée.

150. Les canonniers sont exercés, en marchant en bataille, à marquer le *pas*, à changer le *pas*, passer du *pas accéléré* au *pas ordinaire*, et du *pas ordinaire* au *pas accéléré*.

151. Pour arrêter le peloton, l'instructeur commande :

1. *Peloton.*
2. Halte.
3. *A droite* (ou *à gauche*) = alignement.
4. Fixe.

Contre-marche.

152. Le peloton étant arrivé à l'extrémité du terrain, pour le faire changer de direction, l'instructeur commande :

1. *Contre-marche par l'aile droite.*
2. *Canonniers, à droite.*
3. (A) droite.
4. *Par file à droite.*
5. Marche.

(*Pl.* X, fig. *A.*)

Au premier commandement, le serre-file se porte

trois pas (2 mètres) en arrière de la file de gauche, en dehors de sa direction, lui tournant le dos.

Au troisième commandement, les canonniers font un *à-droite*, l'instructeur se porte à hauteur de la première file et lui fait faire un *demi à-droite*.

Au commandement MARCHE, les canonniers partent ensemble; la première file tourne de suite à droite, et, dirigée par l'instructeur, passe en arrière du deuxième rang.

Tous les autres canonniers tournent successivement sur le même terrain que les premiers.

Quand la tête de la colonne arrive à hauteur du guide placé sur la nouvelle ligne, l'instructeur commande :

1. *Colonne*.
2. HALTE.
3. FRONT.
4. *A droite* = ALIGNEMENT.
5. FIXE.

Au commandement FIXE, le sous-instructeur reprend sa place de bataille.

153 La contre-marche s'exécute par la gauche, suivant les mêmes principes et par les moyens inverses, aux commandements : 1. *Contre-marche par l'aile gauche*; 2. *Canonnier à gauche*; 3. (à) GAUCHE; 4. *Par file à gauche*; 5. MARCHE; et 1. *Colonne*; 2. HALTE; 3. FRONT; 4. (*à*) *gauche* ALIGNEMENT; 5. FIXE.

Des conversions.

154. On distingue deux espèces de conversions, la *conversion à pivot fixe* et la *conversion à pivot mouvant*.

La conversion est toujours à *pivot fixe*, excepté dans le cas où l'on commande *Tournez* = (à) DROITE ou (à) GAUCHE.

Toute troupe qui converse doit exécuter ce mouvement sans se désunir et sans que l'alignement cesse d'être observé.

Dans toute espèce de conversion, le conducteur de l'aile marchante doit mesurer de l'œil l'arc de cercle qu'il a à parcourir, de manière à ne point faire ouvrir ni serrer les files; il tourne parfois la tête du côté du pivot, sans appuyer de ce côté, de manière à voir l'ensemble du rang; s'il s'aperçoit que les canonniers se resserrent ou s'ouvrent, il agrandit ou diminue sans précipitation l'étendue de son cercle, en gagnant plus de terrain en avant que sur le côté.

Chaque canonnier du premier rang doit décrire son arc de cercle en raison de l'éloignement où il se trouve du pivot. Ces différents arcs de cercle devant être parcourus dans un même temps, il est nécessaire que chaque canonnier raccourcisse son pas en proportion de l'aile marchante.

Pendant toute la durée de la conversion, les canonniers doivent avoir la tête légèrement tournée du côté de l'aile marchante, pour régler leur degré de vitesse sur cette aile et se maintenir alignés; ils doivent aussi sentir légèrement le coude du côté du pivot, afin de rester liés de ce même côté. Les canonniers doivent encore céder à la pression qui vient du côté du pivot et résister à celle qui vient de l'aile marchante.

Lorsque dans le mouvement les files se sont ouvertes, les canonniers doivent se rapprocher insensiblement du pivot, en diminuant leur cercle par degrés et gagnant plus de terrain en avant que sur le côté. Dans ce cas, ils donnent alternativement un coup d'œil sur le pivot et sur l'aile marchante, ayant soin de se redresser assez à temps pour ne pas forcer le pivot.

Lorsque les canonniers sont trop serrés, ils doivent reprendre l'aisance avec modération, en agrandissant leur cercle par degrés et gagnant plus de terrain en avant que sur le côté. A cet effet, ils donnent alternativement un coup d'œil sur l'aile marchante et sur le pivot, ayant soin de se redresser à l'instant où ils ne sentent plus que légèrement le coude du côté du pivot.

Dans toute espèce de conversion, les canonniers doivent cesser de converser et reprendre la marche directe à la dernière partie du commandement *En* = AVANT, à quelque point que l'on soit de la conversion ; il faut veiller aussi à ce que les ailes qui deviennent pivots ou ailes marchantes ne ralentissent pas le pas ou ne l'augmentent pas avant le commandement d'exécution.

Dans toutes les conversions, les canonniers ont l'attention de ne pas trop tourner la tête, de conserver les épaules carrément dans le rang, de tenir à leurs voisins du côté du pivot, sans écarter le coude, et de réparer sans précipitation les fautes qu'ils peuvent commettre.

Conversion à pivot fixe.

155. La conversion à pivot fixe a pour objet principal, lorsque le peloton fait partie de l'escadron, de faire passer de l'ordre en bataille à l'ordre en colonne, et de l'ordre en colonne à l'ordre en bataille.

Le canonnier qui forme le pivot de la conversion tourne sur lui-même, en marquant le pas.

Le canonnier qui est au pivot doit tourner légèrement la tête vers l'aile marchante, afin de conformer son mouvement au sien et de rester toujours aligné vers le conducteur de cette aile.

Lorsqu'on est en marche, le pivot arrête, et l'aile marchante exécute son mouvement au même pas qu'avant la conversion.

Lorsqu'après une conversion à pivot fixe on porte le peloton, l'alignement est toujours commandé du côté de l'aile marchante; mais comme le pivot ne doit jamais bouger de place, l'aile marchante doit arriver à sa hauteur.

Lorsqu'après une conversion à pivot fixe on arrête le peloton en avant, le guide est commandé sur l'aile marchante, immédiatement après le commandement *En* = AVANT, à moins que le mouvement du peloton dans l'escadron n'exige le contraire,

La conversion à pivot fixe est commandée du coté du guide, à moins de nécessité contraire.

156. On commence l'école de conversion par rang de peloton; à cet effet, on porte le premier rang en avant et on le fait arrêter lorsqu'il se trouve entre les deux rangs une distance double de leur front; le serre-file reste à sa place; le sous-instructeur se place derrière le premier rang; chacun d'eux surveille le rang derrière lequel il est placé.

Les rangs étant alignés, l'instructeur commande :

1. *Peloton en cercle à droite* (ou *à gauche*).
2. MARCHE.

(*Pl. X*, fig. *B.*)

Au commandement MARCHE, les canonniers se mettent en mouvement, tournant la tête du côté de l'aile marchante. Le canonnier qui conduit cette aile entame franchement la conversion, en faisant le pas de soixante-cinq centimètres (2 pieds), mesurant de l'œil l'étendue du cercle qu'il doit parcourir, pour ne causer ni ouverture ni resserrement dans le rang, et les canonniers restant alignés. Le pivot tourne sur lui-même, en marquant le pas, et se réglant, ainsi que les autres canonniers, sur l'aile marchante.

L'instructeur commande aux canonniers de conserver assez d'aisance pour éviter la pression dans les rangs.

157. Lorsque les canonniers ont fait un tour ou deux, l'instructeur, pour arrêter, commande :

1. *Peloton.*
2. HALTE.
3. *A gauche* (ou *à droite*) = ALIGNEMENT.
4. FIXE.

Au commandement FIXE, replacer la tête directe.

158. On porte ensuite les deux rangs en avant, conservant la même distance entre eux, et on leur fait recommencer le même mouvement de conversion. Lorsque l'instructeur veut faire reprendre la marche directe, il commande :

1. *En* = AVANT
2. *Guide à gauche* (ou *à droite*).

A la dernière partie du premier commandement, qui est AVANT, tous les canonniers se portent en avant, se conformant aux principes de la marche directe.

Au commandement *Guide à gauche* ou *à droite*, les canonniers se règlent du côté indiqué.

159. Les canonniers conversant en cercle à droite, pour faire changer le côté de la conversion sans arrêter, l'instructeur commande :

1. *Peloton en cercle à gauche.*
2. MARCHE.

Au commandement MARCHE, l'aile gauche marque le pas et devient pivot. L'aile droite, prenant le pas auquel marchait l'aile gauche, se porte en avant et décrit un cercle proportionné à l'étendue du front.

Lorsque les canonniers commencent à converser régulièrement, l'instructeur exige que les conducteurs des ailes marchantes règlent le pas de manière à arriver ensemble en bataille et en colonne, le conducteur de chaque rang se réglant toujours sur celui qui le précède.

160. Les canonniers étant suffisamment exercés aux conversions par rang, on fait serrer les rangs pour exécuter les conversions par peloton, en suivant la même gradation. L'instructeur commande :

1. *Peloton en cercle à droite* (ou *à gauche*).
2. Marche.

(*Pl. X*, fig. *C*.)

Au commandement Marche, les canonniers du premier rang exécutent leur mouvement comme il est prescrit no 156 ; les canonniers du deuxième rang tournent la tête du côté de l'aile marchante et marchent sur les traces de leurs chefs de file ; celui qui est pivot tourne en obliquant à gauche (ou à droite), pour se maintenir derrière son chef de file.

161. Pour arrêter la conversion, l'instructeur commande :

1. *Peloton.*
2. Halte.
3. *A gauche* (ou *à droite*) = alignement.
4. Fixe.

Les canonniers exécutent ce qui est prescrit au no 157.

On porte ensuite le peloton en avant, et on lui fait recommencer le même mouvement de conversion.

162. Lorsque l'instructeur veut faire reprendre la marche directe, il commande :

1. *En* = avant.
2. *Guide à gauche* (ou *à droite*).

Les canonniers exécutent ce qui est prescrit au no 158.

163. Le peloton conversant à droite, pour changer le côté de la conversion sans arrêter, l'instructeur commande :

1. *Peloton en cercle à gauche.*
2. Marche.

Les canonniers exécutent ce qui est prescrit aux nos 159 et 160.

164. Pour habituer à réparer les fautes, on fait quelquefois appuyer le pivot sur son rang, afin que les canonniers, se sentant pressés, apprennent à gagner du terrain vers l'aile marchante. On fait ensuite porter le pivot du côté opposé à l'aile marchante, ce qui oblige les canonniers à se rapprocher de lui.

165. Le peloton étant de pied ferme, pour le placer dans une direction perpendiculaire à l'ancien front, l'instructeur commande :

1. *Peloton à droite.*
2. Marche.
3. Halte.
4. *A gauche* (ou *à droite*) = alignement.
5. Fixe.

Ce qui s'exécute suivant les principes de la conversion à pivot fixe.

L'instructeur fait le commandement Halte lorsque l'aile marchante est près de terminer son *quart de conversion.*

166. Le peloton étant de pied ferme, pour faire face en arrière, l'instructeur commande :

1. *Peloton demi-tour à gauche* (ou *à droite*).
2. Marche.
4. *A gauche* (ou *à droite.*) = alignement.
5. Fixe.

Ce qui s'exécute suivant les principes prescrits no 165, le peloton parcourant une moitié de cercle équivalente à deux *à-droite.*

L'instructeur fait le commandement Halte lorsque l'aile marchante est près d'arriver face en arrière sur une ligne parallèle à l'ancien front.

167. Le peloton étant de pied ferme, pour le placer vers sa droite ou sa gauche dans une direction oblique à l'ancien front, l'instructeur commande :

1 *Peloton demi-à-droite* (ou *à gauche*).
2. Marche.
3. Halte.
4. *A gauche* (ou *à droite*) = alignement.
5. Fixe.

Ce qui s'exécute suivant les principes des conversion à pivot fixe.

L'instructeur fait le commandement HALTE lorsque l'aile marchante est près d'arriver à la moitié d'un *à-droite* ou d'un *à-gauche*.

168. Avant d'aligner le peloton, l'instructeur fait porter le canonnier de l'aile marchante à hauteur du pivot, afin que les canonniers n'aient pas à reculer pour s'aligner.

169. Le peloton étant en marche, l'instructeur lui fait exécuter les mêmes mouvements, aux commandements : 1. *Peloton à droite* (ou *à gauche*), *demi-tour à droite* (ou *demi-tour à gauche*), *demi-à-droite* (ou *demi-à-gauche*); 2. MARCHE; 3. *En* = AVANT; 4. *Guide à gauche* (ou *à droite*).

Au commandement MARCHE, l'aile qui doit converser tourne au pas auquel la troupe marchait précédemment; l'aile qui devient pivot arrête.

A la dernière partie du troisième commandement, qui est AVANT, les deux ailes se portent en avant ensemble et au même pas.

L'instructeur veille à ce que les canonniers ne reprennent la marche directe qu'à la dernière partie du commandement *En* = AVANT.

Conversion à pivot mouvant.

170. La conversion à pivot mouvant s'emploie dans les changements de direction successifs en colonne.

Dans cette conversion, le pivot mouvant a pour objet de dégager par degré le terrain où commence le mouvement, et de l'abandonner en avançant dans la nouvelle direction. Le conducteur de l'aile marchante doit conserver la longueur et la cadence du pas, et décrire son arc de cercle de manière à ne point faire ouvrir ni serrer les files. Le pivot décrit un *arc de cercle de cinq pas* (3 mètres 1/3), en faisant le pas de dix pouces. Dans chaque rang, les canonniers placés depuis l'aile marchante jusqu'au pivot diminuent progressivement la longueur du pas. A la fin d'une conversion à pivot mouvant, tous les canonniers qui ont diminué le pas reprennent celui auquel ils marchaient avant la conversion.

171. Le peloton étant en marche et supposé tête

de colonne, pour lui faire changer de direction, l'instructeur commande :

Tête de colonne à gauche (ou *à droite*).

A ce commandement, le sous-instructeur commande :

1. *Tournez* = (à) GAUCHE (ou [à] DROITE).
2. *En* = AVANT.

(*Pl. X*, fig. *D.*)

A la première partie du premier commandement, qui est *Tournez*, le pivot se prépare à raccourcir le pas.

A la deuxième partie du même commandement, qui est GAUCHE (*ou* DROITE), le peloton tourne à gauche ou à droite, le pivot décrivant son arc de cercle en faisant le *pas de six pouces;* l'aile marchante tourne sans augmenter ni raccourcir le pas; les autres canonniers font le pas d'une longueur proportionnée à la place qu'ils occupent dans le rang, c'est-à-dire d'autant plus court qu'ils sont plus rapprochés du pivot.

A la dernière partie du deuxième commandement, qui est AVANT, tous les canonniers se portent en avant et reprennent le pas auquel ils marchaient précédemment

Marche oblique individuelle.

172. Le peloton marchant en bataille, pour lui faire gagner du terrain vers l'un de ses flancs, sans changer de front, l'instructeur commande :

1. *Oblique à droite* (ou *à gauche*).
2. MARCHE.

Au commandement MARCHE, chaque canonnier fait un *quart d'à-droite* ou *d'à-gauche*, et se porte droit devant lui dans la nouvelle direction. Les canonniers, n'ayant plus le contact des coudes, doivent régler leur marche de manière que la tête de leur voisin, du côté du guide, leur cache celle des autres canonniers du rang. L'égalité du pas et celle du degré d'obliquité suffisent pour se maintenir alignés

Les canonniers du deuxième rang se maintiennent à leur distance et dans la direction du canonnier placé à côté de leur chef de file habituel.

Lorsque le peloton a suffisamment obliqué, l'instructeur commande :

En = AVANT.

Les canonniers se conforment à ce qui est prescrit n° 132.

Le peloton étant en bataille, rompre par quatre files à droite ou à gauche, et porter la colonne en avant; après la conversion, formez le peloton.

173. L'instructeur fait rompre par quatre files à droite, comme il est prescrit n° 126, et la conversion presque terminée, il commande :

1. *En* = AVANT.
2. *Guide à gauche.*

A la dernière partie du premier commandement, qui est AVANT, les canonniers se portent en avant, se conformant aux principes de la marche directe par quatre.

174. Le mouvement s'exécute sur la gauche suivant les mêmes principes et par les moyens inverses.

Former le peloton.

175. Le peloton marchant en colonne par quatre la droite en tête, l'instructeur commande :

1. *Formez le peloton.*
2. MARCHE.
3. *Guide à droite.*

Au commandement de MARCHE, le mouvement s'exécute comme il est prescrit par l'*En avant en bataille* n° 135, excepté que les quatre premières files continuent de marcher droit devant elles en faisant le pas de seize centimètres (6 pouces), jusqu'à ce que les dernières files arrivent à leur hauteur; alors tous les canonniers reprennent le pas auquel ils marchaient précédemment, et se portent en avant se conformant aux principes de la marche directe.

L'instructeur ne commande le guide que lorsque le peloton est formé.

Lorsqu'on forme le peloton la colonne marchant la gauche en tête, le guide est indiqué à gauche.

Le peloton marchant en bataille, le rompre par quatre files à droite ou à gauche, et le remettre en bataille sans arrêter.

176. L'instructeur commande :

1. *Par quatre files à droite.*
2. MARCHE.
3. *En* = AVANT.
4. *Guide à droite.*

Et pour le remettre en bataille :

1. *Par quatre files à gauche.*
2. MARCHE.
3. *En* = AVANT.
4. *Guide à gauche.*

Ces mouvements s'exécutent comme il est prescrit n° 120.

Si, au lieu de se porter en avant après la conversion, l'on veut arrêter, l'instructeur commande :

3. HALTE.
4. *A droite* = ALIGNEMENT.
5. FIXE.

177. Le mouvement s'exécute par la gauche suivant les mêmes principes et par les moyens inverses.

Le peloton marchant en colonne par quatre, le mettre en colonne par le flanc sans arrêter.

178. L'instructeur commande :

1. *Canonniers à droite, et dans chaque rang par file à gauche.*
2. MARCHE.
3. *En* = AVANT.
4. *Guide à gauche.*

Au commandement de MARCHE, chaque canonnier fait un *à-droite*, et la première file de chaque rang de quatre tourne de suite à gauche et se met en file derrière les canonniers du rang de quatre qui précédait. Les canonniers se trouvent ainsi en colonne par le flanc. Dans ce mouvement, les quatre premières files doivent allonger les premiers pas, afin de ne pas retarder les autres rangs de quatre qui doivent entrer en colonne derrière elles.

179. La colonne ayant la gauche en tête, le mouvement s'exécute suivant les mêmes principes et par les moyens inverses, aux commandements : 1. *Canonnier à gauche, et dans chaque rang par file à droite;* 2. MARCHE; 3. *En* = AVANT; 4. *Guide à droite.*

Le peloton marchant en colonne par le flanc, le mettre en colonne par quatre sans arrêter.

180. Le peloton étant en colonne par le flanc, la droite en tête, l'instructeur commande :

1. *Formez les rangs de quatre.*
2. MARCHE.
3. *Guide à gauche.*

Au commandement MARCHE, les numéros 1 du premier rang continuent à marcher droit devant eux; les numéros 2, 3 et 4 du premier rang se portent, en obliquant à gauche et en allongeant le pas, à la hauteur du numéro 1.

Les canonniers du deuxième rang se placent derrière leur chef de file en obliquant à gauche.

Le peloton marchant en colonne par le flanc, le remettre de front sans arrêter.

181. La colonne ayant la droite en tête, l'instructeur commande :

1. *Canonniers à gauche.*
2. MARCHE.
3. *En* = AVANT.
4. *Guide à droite.*

Au commandement MARCHE, chaque canonnier exécute un *à-gauche*, et au commandement *En* = AVANT, se porte droit devant lui.

Si, au lieu de se porter en avant après le mouvement, l'on veut arrêter, l'instructeur commande :

3. HALTE.
4. *A droite* = ALIGNEMENT.
5. FIXE.

182. La colonne ayant la gauche en tête, le mouvement s'exécute suivant les mêmes principes et par les moyens inverses.

183. Le peloton marchant en bataille, pour le mettre en colonne par le flanc sans arrêter, l'instructeur commande :

1. *Canonniers à droite.*
2. MARCHE.
3. *En* = AVANT.
4. *Guide à gauche.*

Au commandement MARCHE, chaque canonnier exécute un *à-droite* et se porte ensuite droit devant lui.

184. Pour mettre le peloton en colonne par le flanc la gauche en tête, le mouvement s'exécute suivant les moyens inverses.

Le peloton étant en bataille, faire face en arrière.

185. L'instructeur commande :

1. *Canonniers, demi-tour* = (à) DROITE.

Le demi-tour exécuté, si l'instructeur veut porter le peloton en avant après l'avoir aligné à droite, il commande :

1. *Peloton en avant.*
2. *Guide à droite.*
3. MARCHE.

Ce qui s'exécute comme il est prescrit no 149.

Pour remettre le peloton face en tête, l'instructeur commande :

1. *Canonniers, demi-tour* = (à) DROITE.

Le demi-tour exécuté, l'instructeur commande l'alignement à droite.

Maniement des armes et feux.

186. Le peloton est exercé au maniement des armes à rangs ouverts, à rangs serrés, et à l'exécution des feux par le premier et par le deuxième rang, comme dans l'article précédent.

INSTRUCTION

SUR LE TIR

INSTRUCTION SUR LE TIR (1).

CHAPITRE Ier.

BASES DE L'INSTRUCTION.

PREMIÈRE PARTIE.

Des instructeurs et de leurs attributions.

187. Dans chaque régiment, l'instruction de tir, placée, comme toutes les autres parties du service, sous l'impulsion et sous la responsabilité du chef de corps, est confiée à la direction particulière du lieutenant-colonel et à la surveillance des chefs d'escadron.

L'instruction de tir des jeunes soldats est entièrement confiée au capitaine instructeur d'équitation et de conduite des voitures, qui a sous ses ordres, pour l'aider dans ce service, un lieutenant, des maréchaux des logis et des brigadiers instructeurs de tir.

L'instruction de tir des anciens soldats est dirigée, dans chaque batterie, par le capitaine commandant.

Le lieutenant-colonel exerce sur toutes les parties de l'instruction de tir une surveillance constante. Il s'assure que les exercices pratiques sont exécutés conformément aux principes prescrits, et que les officiers de tous grades possèdent les connaissances nécessaires pour diriger les sous-officiers, les brigadiers, les artificiers et les soldats dans la pratique du tir.

Le lieutenant-colonel règle la distribution et l'emploi des munitions; il fixe les jours et les heures des séances d'instruction.

(1) Approuvée le 13 février 1848 et modifiée le 19 novembre 1860.

Le lieutenant instructeur de tir est chargé, sous les ordres du capitaine instructeur d'équitation et de conduite des voitures, de faire la théorie de tir à tous les sous-officiers, brigadiers et artificiers du régiment. Il est seul chargé de former les instructeurs de tir, et propose pour ces fonctions un maréchal des logis et un brigadier par batterie.

Le lieutenant instructeur est chargé aussi de surveiller l'entretien et les réparations du matériel de tir. En raison des devoirs nombreux qu'il a à remplir, il est exempt de tout autre service.

Le maréchal des logis ou le brigadier instructeur de chaque batterie est chargé d'instruire les jeunes soldats, sous la direction du lieutenant instructeur.

Un maréchal des logis insturcteur est mis en outre sous les ordres du lieutenant instructeur pour l'aider dans les soins de conservation du matériel de tir.

Pendant toute la durée des exercices de tir, les maréchaux des logis et brigadiers instructeurs employés sont exempts du service de place.

DEUXIÈME PARTIE.

Méthode suivie dans l'instruction sur le tir.

Pour que le fusil produise les effets que l'on peut attendre de son feu, il faut :

1° Que le canonnier connaisse les différentes parties et les accessoires du fusil ; qu'il sache le démonter, le remonter et l'entretenir convenablement.

Les nomenclatures qui se trouvent dans les bases de l'instruction à pied (1), et la troisième partie du chapitre Ier de l'instruction sur le tir, renferment tout ce qui est nécessaire pour ce premier enseignement. A leur arrivée au corps, les jeunes soldats sont instruits de ces détails dans leurs batteries par le maréchal des logis instructeur de tir. Une théorie sur la nomenclature, l'entretien, le démontage et le remontage du fusil, du pistolet et du sabre, est faite dans chaque batterie, aux brigadiers, aux artificiers et aux anciens soldats, par

---

(1) Voir à la fin de cette instruction.

le lieutenant de semaine pour le service intérieur, sous la surveillance du capitaine. Les officiers se font aider, pour cette instruction, par les sous-officiers et les brigadiers instruits, qu'ils emploient comme moniteurs.

2° Que le canonnier exécute régulièrement le chargement de l'arme.

L'école du canonnier à pied, et l'article Ier de la troisième partie du chapitre Ier de l'instruction sur le tir, contiennent tout ce qui est nécessaire pour cet objet.

3° Que le canonnier connaisse les règles de tir du fusil, c'est-à-dire, qu'il sache de quelle manière il doit diriger son arme suivant la distance du but.

4° Qu'il soit exercé à estimer les distances, afin de pouvoir appliquer les règles de tir.

5° Qu'il sache viser.

6° Qu'il prenne dans le tir une position, permettant :

De viser commodément,

De conserver facilement l'immobilité du corps,

De maintenir verticalement la hausse et le guidon sans les incliner à droite et à gauche,

De supporter le recul.

7° Que le canonnier ne dérange point le canon en agissant sur la détente pour faire partir le coup.

Pour exercer le canonnier à ces détails d'exécution, il n'est pas nécessaire qu'il tire d'abord réellement; on peut simuler successivement toutes les opérations, tous les mouvements dont se compose le tir, et donner par cette méthode au canonnier l'habitude de ces opérations et de ces mouvements avant de lui faire brûler une seule cartouche à balle.

Ainsi le canonnier apprend facilement à viser, si on ne l'occupe d'abord que de cette seule partie de l'instruction de tir. Il s'habitue vite et facilement aux positions les plus commodes pour le tireur, si pendant quelque temps on ne lui fait faire autre chose que prendre, garder et quitter ces positions. Quand il a vaincu séparément ces deux premières difficultés du tir, on lui apprend à les vaincre réunies. Quand il sait viser en conservant la position prescrite, on lui enseigne à faire partir le coup sans déranger l'arme, en agissant sur la détente. Pour cet exercice, le tampon est mis sur la cheminée, et le canonnier est instruit à agir sur la détente, avec le premier doigt de la main droite, comme il devrait le faire si l'arme était chargée et s'il voulait faire feu. Quand le canonnier sait exécuter ce mouvement, il est exercé à l'exécuter en visant et en conservant les positions prescrites.

Parvenu à ce degré d'instruction pratique, le canonnier n'a plus d'autres difficultés à vaincre, dans le tir réel, que celles qui proviennent de l'explosion de la cartouche et du choc de l'arme contre l'épaule au moment de l'inflammation de la charge. Il surmonte ces difficultés d'autant plus facilement qu'il est mieux affermi dans la position du tireur, qu'il garde cette position avec plus d'aisance et qu'il la prend plus naturellement en vertu de l'habitude acquise.

Pour l'habituer à la détonation, on commence par le faire tirer avec des capsules seulement, en veillant à ce qu'il conserve l'immobilité de l'arme et la position du tireur, tout en visant comme il a déjà appris à le faire.

Pour l'habituer à l'effet du recul, on lui fait brûler quelques cartouches sans balle, en se conformant à tout ce qui a été prescrit et exécuté précédemment.

En joignant à cette instruction pratique l'instruction théorique strictement nécessaire pour que le canonnier sache donner à son arme la direction déterminée par la distance du but, on est certain d'obtenir dans le tir des résultats bien supérieurs à ceux auxquels on arriverait si l'on faisait passer les hommes, sans préparation, de l'école du canonnier à pied au tir à la cible.

Lorsque le jeune soldat connaît l'école du canonnier à pied, il commence les exercices de tir, qui sont menés concurremment avec le reste de son instruction. Il n'est admis à la première classe d'instruction qu'après avoir exécuté tous les articles de la première leçon du chapitre IV de l'instruction sur le tir. Il ne participe au tir à la cible de sa batterie qu'après avoir exécuté le tir à la cible, dans la classe dirigée par le lieutenant instructeur de tir.

La série entière des exercices de tir peut être parcourue dans une année par tous les sous-officiers, brigadiers, artificiers et canonniers d'une batterie, sans nuire aux autres parties de l'instruction et sans entraver les divers services. Elle doit être reprise chaque année par les anciens soldats. Les exercices relatifs à l'appréciation des distances ont lieu par les soins et sous la surveillance de chaque commandant de batterie. Cette instruction n'est donnée qu'aux canonniers admis à la première classe d'instruction.

Un tableau placé à la fin de la présente instruction sur le tir indique le nombre de séances de deux heures qu'il faut consacrer à chaque article des leçons, pour les anciens comme pour les jeunes soldats, et la quantité de capsules, de cartouches à blanc et à balle que doivent consommer les uns et les autres.

Les officiers doivent connaître toutes les parties de cette instruction.

Les lieutenants sont exercés à la pratique du tir par le capitaine instructeur d'équitation et de conduite des voitures. Ils passent par tous les degrés de la pratique du tir, et sont dispensés de répéter ces exercices lorsqu'ils s'en sont acquittés convenablement.

Les sous-officiers et brigadiers étudient toutes les parties de cette instruction, qui leur est expliquée par le lieutenant instructeur de tir.

On n'astreint jamais ceux qui doivent étudier la théorie de tir à réciter littéralement le texte des leçons.

Les sous-officiers prennent part aux exercices de tir de la classe des anciens soldats.

TROISIÈME PARTIE

PRINCIPES GÉNÉRAUX DU TIR (1).

Les principes généraux du tir se déduisent des positions relatives occupées par trois lignes, qui sont : la ligne de tir, la trajectoire et la ligne de mire.

La ligne de tir est l'axe du canon, indéfiniment prolongé.

---

(1) Le canonnier de recrue, depuis son arrivée au corps jusqu'à la fin de la première partie de la quatrième leçon de l'ordonnance du 6 décembre 1829, apprend la nomenclature, le montage, le démontage et l'entretien des armes. L'instruction actuellement prescrite par la deuxième partie de la quatrième leçon commence avec le premier article de l'école de peloton à pied et est menée de manière

La trajectoire est la ligne courbe que décrit le centre de la balle pendant son trajet dans l'air.

La ligne de mire est une ligne droite passant par le milieu du fond du cran de la hausse et par le sommet du guidon.

L'angle de mire est l'angle que la ligne de mire forme avec la ligne de tir.

On appelle plan de tir le plan vertical qui contient la ligne de tir au moment du tir.

La trajectoire est tout entière dans ce plan (1). Elle se confond d'abord avec la ligne de tir, et s'en écarte ensuite de plus en plus à mesure que la balle s'éloigne de la bouche du canon.

La trajectoire et la ligne de mire peuvent être considérées comme liées invariablement entre elles lorsque la dernière de ces lignes reste dans le plan de tir.

Puisque la trajectoire est contenue dans le plan de tir, si l'on a soin de placer la ligne de mire dans ce plan et de diriger cette ligne sur la verticale passant par le point que l'on veut atteindre, la balle rencontrera quelque part la verticale en question si cette ligne n'est pas hors des limites de la portée. Pour que ce point de rencontre soit précisément le but, il ne restera plus qu'à diriger la ligne de mire, ou, ce qui est la même chose, le rayon visuel rasant le fond du cran de la hausse et le sommet du guidon, sur un point de la verticale tel que la trajectoire rencontre le but.

Le point dont il s'agit sera déterminé lorsqu'on connaîtra de combien la trajectoire s'élève au-dessus ou s'abaisse au-dessous de la ligne de mire à la distance

---

que le tir à la cible à pied soit terminé avec l'école du peloton à pied.

Le jeune soldat ne participe au tir de son escadron qu'après avoir exécuté le tir à la cible sous la direction du capitaine instructeur.

(*Extrait de l'Instruction sur le tir à l'usage des troupes à cheval du 8 avril 1862.*)

(1) Cette définition de la trajectoire est simple et rend assez bien compte des règles de tir; mais elle n'est pas rigoureusement exacte, la trajectoire n'est pas tout entière dans le plan du tir.

qui sépare le but de la bouche du canon. Le point sera élevé ou abaissé, par rapport au but, de la quantité dont la trajectoire sera abaissée ou élevée par rapport à la la ligne de mire.

Si, par exemple, on sait que la trajectoire, à une certaine distance, s'abaisse d'un mètre au-dessous de la ligne de mire, il faudra, pour atteindre un point situé à cette distance, diriger la ligne de mire ou viser au-dessus de ce point. Car, si on dirigeait la ligne de mire sur ce point même, la balle ou la trajectoire passerait à un mètre au-dessous ; mais si on élève la ligne de mire et si on la dirige à un mètre au-dessus du but, la trajectoire suivra les mouvements de la ligne de mire, conservera, par rapport à celle-ci, sa première position et passera par conséquent à un mètre au-dessous du point visé, c'est-à-dire par le point qu'il faut atteindre.

Le tir d'une arme peut donc être réglé à l'aide de la ligne de mire quand on connaît la position des différents points de la trajectoire relativement à cette ligne droite, et qu'on a soin de placer dans le plan de tir les deux points qui déterminent la ligne de mire.

Si l'on examine la trajectoire et la ligne de mire dans la position qu'elles occupent généralement l'une par rapport à l'autre, on reconnaîtra que la ligne de mire coupe la trajectoire en deux points : le premier, très-rapproché de la bouche du canon; le second plus éloigné.

Le second point d'intersection de la trajectoire et de la ligne de mire se nomme but en blanc.

La distance mesurée sur la ligne de mire de la bouche du canon au but en blanc se nomme portée du but en blanc.

On remarque qu'au delà du but en blanc la trajectoire s'abaisse au-dessous de la ligne de mire, et de plus en plus à mesure que la balle s'éloigne du canon.

On en deçà du but en blanc (entre les deux points d'intersection de la ligne de mire et de la trajectoire) la balle s'élève au-dessus de la ligne de mire dans une proportion plus ou moins considérable, suivant la position que l'on considère.

Puisque, à une distance égale à la portée du but en blanc, la trajectoire rencontre la ligne de mire, il suffira, pour atteindre un point situé à cette distance, de diriger la ligne de mire sur ce point.

Puisqu'au delà du but en blanc la trajectoire s'abaisse au-dessous de la ligne de mire, il faudra, pour atteindre un point situé à une distance plus grande que la portée du but en blanc, diriger la ligne de mire au-dessus de ce point; car, si on la dirigeait sur ce point, la trajectoire passerait au-dessous. Pour déterminer l'élévation du point que l'on devra viser afin de toucher le but, il suffira de connaître l'abaissement de la trajectoire au-dessous de la ligne de mire à la distance où se trouve placé le point que l'on veut atteindre.

On verra de même que, pour atteindre un but situé entre les deux intersections de la ligne de mire et de la trajectoire, il faut viser au-dessous de ce but un point verticalement éloigné du premier, d'une longueur égale à celle qui sépare la trajectoire de la ligne de mire, à la distance où se trouve placé le point que l'on veut atteindre.

Telles sont les règles générales du tir, que l'on résume de la manière suivante :

Lorsque le but est situé à l'un des deux points d'intersection de la trajectoire de la ligne de mire, il faut viser le but;

Lorsque le but est situé outre les deux points d'intersection, il faut viser au-dessous du but;

Lorsque le but est situé au delà du but en blanc, il faut viser au-dessus du but, et d'autant plus au-dessus qu'il en est plus éloigné.

On voit par là que, pour augmenter la portée, il faut augmenter l'angle que forme le canon avec la ligne de de mire; la portée d'une balle varie donc avec l'inclinaison que l'on donne au canon par rapport à la ligne de mire, et à chaque distance correspond une inclinaison déterminée.

Les hausses dont sont pourvus les fusils servent précisément à régler cette inclinaison; suivant que le cran de mire est plus ou moins élevé le long de la planche, le canon a une inclinaison plus ou moins grande.

Afin que les hommes soient bien pénétrés de cette vérité, l'instructeur fera placer un fusil sur un chevalet; il montrera où aboutissent les différentes lignes de mire sur une cible placée à une certaine distance (20 mètres environ), et il fera remarquer qu'en visant le même point de la cible avec les différentes lignes de mire, le bout du canon s'élève d'autant plus que la hausse dont on se sert est plus grande et correspond à une distance plus considérable.

Le même exercice servira à montrer aux hommes que la cible sera atteinte d'autant plus haut ou d'autant plus bas que la hausse employée sera plus forte ou plus faible, et on s'efforcera de leur faire comprendre que si la hausse dont on se sert était trop forte ou trop faible, ou si elle n'existait pas, on pourrait encore atteindre ce but en visant alors des quantités convenables, soit au-dessous, soit au-dessus.

Règles de tir du fusil de dragon.

Lorsqu'on tire sur un objet d'une certaine étendue, on doit diriger la ligne de mire de manière à amener la trajectoire sur le centre ou sur le milieu de cet objet; car si on l'amenait vers une des extrémités, on aurait plus de chance de le manquer, par suite d'une déviation de la balle, d'une erreur ou d'une maladresse dans le tir.

Ainsi le milieu du corps est le but que l'on doit tâcher d'atteindre dans le tir de guerre.

CHAPITRE II.

THÉORIE ET PRATIQUE DE L'APPRÉCIATION DES DISTANCES.

Pour appliquer les règles de tir du fusil, le tireur doit connaître la distance qui le sépare du but qu'il veut atteindre.

Dans les tirs d'instruction, la cible est généralement placée à des distances mesurées et bien connues. La règle à suivre pour diriger l'arme est alors déterminée avec précision; mais lorsqu'il s'agit d'appliquer les règles de tir devant l'ennemi, la distance est inconnue, et il importe de l'apprécier le plus promptement et le plus exactement possible, afin de régler le tir en conséquence.

L'appréciation des distances se fait à la vue simple ou à l'aide d'instruments.

Pour apprendre au canonnier à estimer les distances à la vue, on se conforme aux prescriptions suivantes :

On s'occupe d'abord des moyens de vérifier l'estimation d'une distance.

Cette vérification se fait en mesurant la distance à l'aide d'un cordeau, ou plus simplement, en comptant le nombre de pas nécessaire pour parcourir la distance.

Un détachement de seize hommes, dirigé par un sous-officier ou par un brigadier instructeur, muni d'un cordeau de 25 mètres, est conduit sur le terrain. Les hommes doivent avoir l'armement et l'équipement complets, à l'exception du sac.

L'instructeur fait mesurer en ligne droite, sur le terrain, à l'aide du cordeau et de canonniers employés comme jalonneurs, une distance de 200 mètres; il marque par un petit piquet, par une pierre ou par une raie faite sur le sol, chacune des distances de 0,50, 100, 150 et 200 mètres.

Il ordonne aux hommes de parcourir la distance de 100 mètres au pas ordinaire, en leur recommandant de prendre leur allure naturelle, sans chercher à augmenter ou à diminuer la longueur de leur pas.

Il leur prescrit de compter le nombre de pas qu'ils doivent faire pour parcourir la distance de 100 mètres.

Cette opération, répétée au moins trois fois par chaque canonnier, fait connaître le rapport du mètre au pas de chacun des hommes du détachement. L'instructeur, après avoir interrogé chaque canonnier sur le nombre de pas comptés en parcourant la distance de 100 mètres, lui fait connaître combien il doit faire de pas pour parcourir 10 mètres.

Lorsque le canonnier sait combien il doit faire de pas pour 10 et 100 mètres, il lui est facile d'évaluer une distance au pas, assez exactement pour le but que l'on se propose dans l'instruction de tir.

Pour estimer une distance au pas, le canonnier, à partir du point de départ, compte ses pas et dit 100 mètres, en étendant le pouce de la main droite, les autres doigts fermés, lorsqu'il a compté le nombre de pas qu'il doit faire pour parcourir 100 mètres. Il recommence alors à compter ses pas, depuis un jusqu'au nombre qui correspond à 100 mètres; il dit alors 200 mètres, en étendant le premier doigt de la main droite, et ainsi de suite jusqu'à ce qu'il se trouve à moins de 100 mètres du point vers lequel il se dirige et qui limite la distance. En se servant de la main gauche, après avoir levé les cinq doigts de la main droite, il peut, sans risque de se tromper, compter 1000 mètres.

Lorsque le canonnier, après avoir compté par centaines, se trouve à moins de 100 mètres du but, il ne compte plus que par dizaines, et dit 10 mètres, quand il a compté le nombre de pas qu'il doit faire pour parcourir 10 mètres. Il recommence alors à compter ses pas depuis 1 jusqu'au nombre qui correspond à 10 mètres, et dit 20 mètres, et ainsi de suite, jusqu'à ce qu'il arrive tellement près du but, qu'il puisse, en faisant le pas plus grand, compter par mètres, qu'il ajoute immédiatement, mètre par mètre, aux dizaines dont il vient de compter le nombre. Il n'a plus alors qu'à compter le nombre de doigts levés pour connaître la distance exprimée en mètres.

Si le canonnier se trompe dans l'appréciation de la distance plus petite que 100 mètres, il n'y a à cela aucun inconvénient : le canonnier compte une centaine et lève un doigt de plus; il recommence à compter par dizaines, puis par mètres, lorsqu'il arrive très-près du but.

L'instructeur forme ensuite son détachement sur un rang, à l'une des extrémités de la distance de 200 mètres, du côté où l'on a commencé le métrage, de telle sorte que la ligne droite mesurée soit perpendiculaire au front de la troupe et passe par le milieu de ce front.

Il ordonne à quatre hommes du détachement de se porter, le premier à 50 mètres, le second à 100 mètres, le troisième à 150 mètres et le quatrième à 200 mètres, et de faire face au front de la troupe en se reposant sur leurs armes. Il doit, autant que possible, donner cet ordre à des hommes de taille moyenne.

L'instructeur fait remarquer aux hommes placés dans le rang les diverses parties de l'habillement, de l'équipement, de l'armement et de la figure, qu'ils peuvent apercevoir nettement sur le canonnier situé à 50 mètres, et celles que l'on ne peut plus distinguer facilement à cette distance. Il interroge les hommes, l'un après l'autre, sur les remarques faites d'après la portée de leur vue; il ne doit point exiger que les réponses soient les mêmes pour tous les hommes du détachement, puisque la portée de leur vue est généralement différente.

L'instructeur porte ensuite l'attention des hommes placés dans le rang sur le canonnier situé à 100 mètres, et leur prescrit de faire sur ce canonnier des observations du genre de celles dont ils ont déjà rendu compte pour la distance de 50 mètres. En interrogeant les hommes cette seconde fois, il a soin de leur signaler les différences qui existent entre les deux distances, quant à la netteté de la vision de certains objets.

L'instructeur prescrit ensuite de faire successivement sur les deux canonniers placés, l'un à 150 mètres, l'autre à 200 mètres du front de la troupe, des observations analogues à celles dont il vient d'être question pour les distances de 50 et 100 mètres. Il s'attache surtout à signaler à chaque canonnier, et suivant les observations de chacun d'eux, les différences qui existent entre les quatre distances, quant à la vision nette, confuse ou impossible de certains objets.

L'instructeur a soin de faire remarquer aux hommes que les canonniers paraissent d'autant plus petits qu'ils sont plus éloignés, bien qu'ils soient en réalité de tailles à peu près égales. Il doit faire remplacer fréquemment les canonniers placés aux distances d'observation, afin que l'instruction puisse être donnée également à tous les hommes du détachement.

Lorsque les hommes du détachement ont fait des observations assez nombreuses aux quatre distances désignées, et quand ces observations sont bien gravées dans leur mémoire, l'instructeur procède à l'estimation des distances comprises dans les limites de 50 à 200 mètres.

Pour cela, après avoir formé le détachement sur un rang et sur une partie du terrain autre que celle où la mesure des distances a été faite d'abord, l'instructeur envoie un canonnier en avant du front de la troupe, en lui prescrivant de s'arrêter, de faire face et de se reposer sur les armes au commandement *Halte*. Quand ce canonnier est parvenu à une distance jugée convenable et comprise entre 50 et 200 mètres, l'instructeur commande *Halte*.

Il prescrit alors aux hommes dans le rang d'observer le canonnier qui leur fait face et d'estimer la distance, en se rappelant les observations faites par eux sur des hommes placés aux distances précédemment mesurées.

L'instructeur interroge chaque homme séparément, en le faisant sortir du rang et en lui recommandant de répondre à voix basse, afin que l'opinion des derniers hommes interrogés ne soit pas influencée par celle des premiers; il note sur le calepin la distance indiquée par chaque canonnier.

L'instructeur fait ensuite vérifier la distance au cordeau par deux canonniers, et au pas par tous les autres.

Il prescrit à chacun des hommes ayant mesuré la distance au pas de lui en donner la mesure en s'exprimant à voix basse, et il inscrit sur le calepin, d'une part la distance réelle, de l'autre les distances mesurées au pas, à côté des distances estimées à la vue par chaque canonnier.

L'inscription de ces différents résultats étant faite sur le calepin, l'instructeur en donne lecture au détachement. Il rectifie les erreurs que chacun des hommes a pu commettre dans l'estimation de la distance à vue ou dans la mesure de cette distance au pas.

L'instructeur fait répéter les mêmes exercices autant de fois qu'il le juge nécessaire, en ayant soin de choisir chaque fois une distance différente, mais toujours comprise dans les limites ci-dessus indiquées.

Les séances d'appréciation des distances doivent avoir lieu dans des circonstances atmosphériques diverses, et si la localité le permet, les détachements doivent être conduits sur des terrains de configuration différente.

Lorsque l'instructeur juge que les hommes de son détachement, qui doivent, autant que possible, être les mêmes pendant la durée totale des exercices, savent apprécier avec une exactitude suffisante les distances comprises entre 50 et 200 mètres, il procède à l'estimation des distances comprises entre 200 et 400 mètres.

Dans ce but, il fait mesurer au cordeau une distance de 400 mètres, et marque, sur la ligne droite mesurée ainsi, les distances de 0, 200, 250, 300, 350 et 400 mètres.

Le détachement étant formé comme il a été expliqué, l'instructeur ordonne à cinq canonniers de se porter, le premier à 200 mètres, le second à 250 mètres, le troisième à 300 mètres, le quatrième à 350 mètres, le cinquième à 400 mètres du front de la troupe, de faire face et de se reposer sur leurs armes. Il fait commencer alors, pour ces distances, des observations analogues à celles déjà faites pour les distances plus petites et pour celles de 200 mètres. Cette dernière distance doit être l'objet d'une étude particulière; c'est le terme de comparaison auquel peuvent se rapporter toutes les remarques recueillies aux autres distances.

L'instructeur fait estimer les distances comprises entre 200 et 400 mètres, comme on l'a expliqué pour les distances plus petites.

Lorsque les hommes du détachement savent apprécier, à un degré d'approximation suffisant, les distances comprises entre 200 et 400 mètres, l'instructeur fait estimer une distance quelconque entre les limites de 50 et 400 mètres.

Après avoir répété chaque année ces exercices, les anciens soldats, dirigés par les commandants de batterie, sont exercés à évaluer les distances comprises entre 400 et 1000 mètres.

L'appréciation de ces distances n'est plus faite sur des hommes isolés, mais sur des groupes. Les distances sont évaluées de prime abord, sans que l'on s'astreigne à faire préalablement des observations dans les limites de ces distances. Chaque batterie, dirigée par le capitaine commandant, est partagée en deux parties commandées par le lieutenant en premier et le lieutenant en second. Le capitaine passe de l'une à l'autre pour diriger et surveiller les exercices.

Le commandant de chaque demi-batterie, après avoir arrêté sa troupe dans une position favorable indiquée par le capitaine, fait reposer sur les armes et commande : *En place* = REPOS.

Pour évaluer les distances comprises entre 400 et 600 mètres, un groupe composé d'un brigadier, d'un trompette et de deux canonniers, tous quatre armés, se portent immédiatement en avant de la demi-batterie en suivant une ligne que le lieutenant a déterminée par deux points de repère reconnus dans la campagne.

Le brigadier, après avoir parcouru une distance dépassant 400 mètres, et qu'il est libre, du reste, de fixer à son gré, pourvu qu'elle soit plus petite que 600 mètres, place les trois hommes sur un rang, à un pas d'intervalle, faisant face à la demi-batterie et reposés sur leurs armes; il se tient lui-même à la droite du rang dont le milieu est établi sur la ligne.

Le lieutenant évalue la distance du groupe pour son propre compte, et lorsqu'il juge que les sous-officiers et brigadiers sous ses ordres ont eu le temps de l'apprécier de leur côté, il interroge à voix basse les sous-officiers et les brigadiers en les faisant sortir des rangs. Il tient note de l'évaluation faite par chaque sous-officier et brigadier. Ceux-ci interrogent à leur tour les artificiers et les canonniers de la même manière, et prennent, chacun pour un certain nombre, la note des évaluations.

Dès que la distance est appréciée et que le commandant de la demi-batterie commence à interroger les sous-officiers, un maréchal des logis, aidé de deux canonniers porteurs d'un cordeau de 25 mètres et d'un double mètre, mesure la distance qui sépare la demi-batterie du groupe. Il tient note exacte de cette distance, et l'indique au trompette du groupe, en ne tenant compte que des centaines et des dizaines de mètres. Quand le chiffre des unités est plus petit que 5 ou égal à 5, il le néglige. Quand ce chiffre et plus grand que 5, il indique au trompette une dizaine de plus; mais, dans tous les cas, il doit inscrire en chiffres, sur son calepin, la distance exacte, à un décimètre près.

Quand toutes les notes des évaluations sont prises et que la distance a été mesurée, le commandant de la demi-batterie fait rentrer les sous-officiers et les brigadiers à leur poste.

Il ordonne à un brigadier muni d'un fanion de se porter à dix pas sur la droite de la demi-batterie et d'élever le fanion en l'air. A ce signal, le sous-officier chargé de mesurer la distance prescrit au trompette de l'indiquer par une sonnerie.

Le trompette indique la distance par autant de coups de langue traînants qu'elle contient de centaines de mètres, et par autant de coups de langue brefs qu'elle contient de dizaines de mètres en sus des centaines; il laisse un intervalle suffisant entre les deux espèces de coups de langue.

Après la sonnerie, le brigadier muni du fanion rentre dans le rang; le groupe prend une nouvelle position sur la ligne sans sortir des limites prescrites, et la demi-batterie fait pour cette nouvelle distance ce qui a été indiqué pour la première; les exercices continuent de la même manière pendant la première reprise de chaque séance.

Avant le repos, le commandant de la demi-batterie se porte sur une autre partie du terrain; il est rallié par le maréchal des logis chargé de mesurer les distances et par le groupe. Les exercices de la deuxième reprise se font comme ceux de la première.

Pour estimer les distances comprises entre 600 et 1000 mètres, on augmente le nombre des hommes composant le groupe. Il est formé d'un brigadier, de huit canonniers et d'un trompette. Ces dix hommes sont placés suivant différentes formations que règle le capitaine. On se conforme, du reste, à ce qui est prescrit pour l'évaluation des distances comprises entre 400 et 600 mètres.

Estimation des distances à l'aide d'une stadia.

Dans les différents exercices de l'appréciation des distances à la vue simple, on a pu remarquer que la grandeur des hommes de taille moyenne, placés aux diverses distances d'observation, paraît d'autant plus petite qu'ils sont plus éloignés.

Il résulte de cette observation que si l'on avait le moyen de mesurer la hauteur apparente d'un fantassin équipé et de taille moyenne, on pourrait, par cette mesure, déterminer la distance de ce fantassin au point que l'on occupe, pourvu qu'on sût d'avance que telle hauteur apparente du fantassin équipé correspond à telle distance.

Or, il est facile de mesurer approximativement la hauteur apparente d'un objet quelconque entièrement à découvert et situé à une distance comprise dans les limites de la vue. Pour prendre cette mesure, il suffit de tenir verticalement de la main droite une petite règle graduée sur les bords en millimètres; de diriger un rayon visuel par la partie supérieure de la règle et par le point le plus élevé de l'objet; de faire passer ensuite, sans remuer la règle et sans déranger la tête, un autre rayon visuel par le point le plus bas de l'objet, en se servant du pouce pour marquer l'endroit où ce rayon rencontre le bord gradué de la règle. On s'assure que la portion de la règle interceptée par les deux rayons visuels couvre bien exactement la hauteur entière de l'objet, et la mesure de la hauteur apparente est donnée par le nombre de millimètres contenus, sur le bord de la règle, entre les deux rayons visuels.

La hauteur apparente ainsi mesurée est différente pour le même objet ne changeant de distance, si l'on ne place pas la règle à la même distance de l'œil; mais si l'on tient la règle verticalement et toujours également éloignée de l'œil, on retrouve toujours la même hauteur apparente quand l'objet ne change pas de distance et de dimensions.

Si donc on marque sur les faces et sur les bords d'une petite règle les différentes hauteurs apparentes du fantassin, mesurées comme il vient d'être expliqué, aux distances de 100, 125, 150 mètres, etc., on peut, au moyen de cette règle ainsi graduée, juger de la distance d'un fantassin équipé de taille moyenne, si l'on tient, comme il a été dit, la règle à la distance de l'œil pour laquelle les hauteurs apparentes ont été mesurées.

On parviendrait, par expérience et en opérant comme on vient de l'expliquer, à marquer sur une petite règle les hauteurs apparentes du fantassin placé à diverses distances; mais il est beaucoup plus simple de déterminer les divisions de la règle par le calcul, en prenant pour hauteur moyenne du fantassin 2 mètres, y compris la coiffure.

Comme, à la guerre, on n'a pas seulement besoin d'estimer la distance d'un fantassin ou d'une troupe d'infanterie, mais encore celle d'un cavalier ou d'une troupe de cavalerie, il est nécessaire de calculer les hauteurs apparentes du cavalier que l'on suppose d'une hauteur réelle de 2 m. 50 : sur un des côtés de la règle, on marque les hauteurs apparentes du fantassin; sur l'autre côté, celles du cavalier.

Les instruments très-simples construits de cette manière, auxquels on donne le nom de *stadia*, laissent une grande incertitude dans la détermination des distances dès qu'elles dépassent 200 mètres.

On obtient de meilleurs résultats et une appréciation plus prompte et plus facile en se servant d'une stadia construite d'après les mêmes principes, mais sur laquelle les hauteurs apparentes sont marquées plus distinctement et sont mesurées pour une distance exprimée par un nombre quelconque de mètres, dans les limites où l'appréciation est utile ou possible.

Cette stadia consiste en un triangle isocèle découpé sur une plaque métallique ou sur une feuille de carton (fig. II).

L'intervalle des deux grands côtés du triangle, lorsqu'on le mesure parallèlement à la petite base, diminue de plus en plus et par degrés insensibles de la base au sommet. En prenant cette base égale à la hauteur apparente du fantassin placé à 125 mètres, par exemple, les différents intervalles des grands côtés représentent la série continue et décroissante des hauteurs apparentes depuis 125 mètres jusqu'aux plus grandes distances. On peut donc trouver, d'un côté à l'autre du triangle, un intervalle égal à la hauteur apparente du fantassin situé à une distance déterminée, plus grande que 125 mètres, quelle que soit d'ailleurs cette distance. La base et la hauteur du triangle étant choisies de manière à ne point rendre les divisions confuses et à ne pas augmenter outre mesure les dimensions de l'instrument, il est très-facile de déterminer, sur les grands côtés du triangle, les intervalles égaux aux diverses hauteurs apparentes du fantassin équipé, placé aux distances de 150, 175, 200, 225 mètres, etc.

La position de ces intervalles est marquée par de grands traits, lorsqu'ils correspondent à des distances exprimées en nombres ronds de 200, 300, 400 mètres etc.; par de petits traits lorsqu'ils correspondent aux distances de 225, 325, 425 mètres, etc., et par des traits moyens pour les distances de 150, 250, 350 mètres, etc. Au-dessus des grands traits sont inscrits des chiffres indiquant les distances.

Lorsqu'on veut se servir de cette stadia pour mesurer la distance d'un fantassin équipé, on tient la feuille de carton ou la plaque métallique entre le pouce et les deux premiers doigts de la main droite, la petite base du triangle placée verticalement, le bras tendu de toute sa longueur, la tête droite et immobile; on regarde, en fermant l'œil gauche, le fantassin à travers le triangle découpé, et l'on fait mouvoir l'instrument jusqu'à ce que les deux rayons visuels dirigés, l'un à la partie supérieure de la coiffure, l'autre aux pieds du soldat, rasent les deux grands côtés du triangle, de telle sorte que le fantassin soit intercalé dans les deux côtés. On regarde alors le trait marqué au point où l'intercalation a lieu, et ce trait indique la distance. Si aucun trait n'est marqué en ce point, on regarde les deux traits les plus proches, et avec un peu d'habitude on lit facilement la distance.

En faisant mouvoir la stadia, on doit avoir soin de la laisser toujours à la même distance de l'œil et de tenir la petite base verticale.

Il est bien entendu que cette stadia, comme les précédentes, doit être placée à la distance de l'œil pour laquelle les hauteurs apparentes ont été calculées, ou, du moins, à une distance très-peu différente.

La stadia doit être graduée d'un côté pour l'estimation des distances du fantassin, et de l'autre pour celles des distances du cavalier.

Dans les divers exercices de l'appréciation des distances, les officiers, les sous-officiers et les brigadiers peuvent se servir de la stadia ou de tout autre instrument du même genre admis par le lieutenant-colonel.

Observations générales sur les exercices de l'appréciation des distances.

On ne peut rien prescrire quant à la durée de l'instruction pratique de l'appréciation des distances et à la répartition de toutes les parties de cette instruction en plusieurs séances. On doit avoir soin seulement de suivre la marche indiquée dans cette leçon, et de reprendre, à chaque séance, la série des exercices au point où on l'a laissée dans la séance précédente.

L'instruction de l'appréciation des distances est donnée lorsque les autres parties du service le permettent; elle précède les exercices du tir à la cible et continue en même temps que ces exercices; on y emploie une partie des séances de tir, pendant lesquelles les soldats perdent souvent du temps à attendre leur tour de tirer.

MM. les officiers doivent particulièrement s'exercer à l'appréciation des distances, qui n'est pas moins utile à un manœuvrier qu'à un tireur. Comme ils sont appelés à diriger le feu et à régler le tir devant l'ennemi, ils doivent acquérir l'habitude d'estimer rapidement les distances.

Les règles générales de tir que l'on a résumées à la fin de la leçon précédente ne sont applicables pratiquement qu'autant que le point à viser pour atteindre le but est pris sur le corps de l'homme.

Si, par exemple, la trajectoire s'abaisse au-dessous de la ligne de mire d'une quantité plus grande que la hauteur totale d'un homme, on voit qu'en dirigeant la ligne de mire sur la partie la plus élevée de sa coiffure la balle n'atteindra pas les pieds ; elle frappera la terre en avant du but et ne pourra le toucher que par ricochet.

Les règles du tir à la cible sont les mêmes que celles du tir de guerre.

Le but à atteindre se compose, suivant les distances, d'une cible simple ou de plusieurs cibles contiguës ; toutes les cibles ont une hauteur de deux mètres.

La largeur de la cible simple est de cinquante centimètres et celle de la cible double est de un mètre.

On place au centre du but un cercle noir dont le rayon est de dix centimètres depuis la plus petite distance jusqu'à 250 mètres.

HAUSSES EMPLOYÉES.	DISTANCES.	POINT VISÉ.
Avec la hausse de 200ᵐ, à. . .	100ᵐ, viser. . .	les pieds.
	150ᵐ, *id.* . .	les genoux.
	200ᵐ, *id.* . .	*la ceinture.*
	250ᵐ, *id.* . .	la tête.
Avec la hausse de 400ᵐ, à. . .	350ᵐ, viser. . .	les jambes.
	400ᵐ, *id.* . .	*la ceinture.*
	450ᵐ, *id.* . .	le sommet de la coiffure.
Avec la hausse de 600ᵐ, à. . .	600ᵐ, viser. . .	*la ceinture.*

CHAPITRE III.

PRATIQUE DU TIR.

EXERCICES PRÉPARATOIRES DU TIR.

ARTICLE 1er.

Pointage.

L'instruction du pointage se donne d'abord dans les chambres.

L'instructeur réunit 12 hommes. Il place un fusil sur le chevalet de pointage et dirige la ligne de mire sur un point des murs ou des fenêtres marqué par un pain à cacheter ou de toute autre manière.

Il a soin de placer le guidon et la hausse de telle sorte que ces parties de l'arme ne penchent ni à droite ni à gauche.

L'instructeur commence les premières séances du pointage par l'explication des principes généraux du tir indispensables à l'instruction de pointage.

Il montre aux hommes les deux points qui déterminent la ligne de mire, c'est-à-dire le sommet du guidon et le fond de l'un des crans de la hausse. Il leur explique que, pour viser, il suffit, après avoir relevé la hausse s'il y a lieu, de mettre ces deux points et celui que l'on doit viser sur un même rayon visuel ; que, par conséquent, il ne faut pas regarder ces trois points avec les deux yeux, mais avec un seul, l'œil droit, en fermant l'œil gauche.

L'instructeur prescrit ensuite aux hommes de regarder l'un après l'autre, en fermant l'œil gauche et en se plaçant en arrière de la crosse sans la toucher, le milieu du fond du cran, le sommet du guidon et le milieu du pain à cacheter sur lequel la ligne de mire a été préalablement dirigée, et de s'assurer par eux-mêmes que ces trois points sont bien sur le même rayon visuel.

L'instructeur, après avoir dérangé le fusil, prescrit successivement à chaque soldat de viser le point désigné. Il vérifie le pointage; indique à chaque homme, s'il y a lieu, les erreurs qu'il a commises, en lui faisant voir que la ligne de mire n'est pas dirigée convenablement, et qu'elle passe au-dessus ou au-dessous, à droite ou à gauche du point qu'il fallait viser. Après avoir rectifié le pointage exécuté par chaque soldat, l'instructeur a soin de déranger le fusil.

Les hommes pointent en se plaçant en arrière de la crosse, en faisant mouvoir l'arme avec la main droite.

L'instructeur répète ensuite le même exercice; mais, au lieu de rectifier d'abord par ses propres yeux le pointage exécuté à tour de rôle par chaque soldat, il le fait vérifier successivement par tous les autres, en demandant à chacun de ces derniers si la ligne de mire passe à droite ou à gauche, au-dessus ou au-dessous du point désigné. Lorsque tous les hommes ont exprimé leur opinion, l'instructeur donne la sienne et corrige ainsi toutes les erreurs qui auraient pu être commises.

On donne l'instruction du pointage en faisant comprendre aux hommes que le but est censé placé aux distances pour lesquelles on leur fait appliquer les règles de tir. Il est bon cependant, si le terrain le permet, de les exercer aussi à pointer sur des cibles placées réellement aux distances indiquées.

ARTICLE II.

Position du tireur isolé debout.

Lorsque les hommes connaissent suffisamment le pointage, on leur enseigne à prendre la position du tireur à pied.

Les canonniers étant placés sur un rang à un pas d'intervalle et au port d'armes, l'instructeur donne lentement le détail de la position en exécutant lui-même les mouvements prescrits :

POSITION DU TIREUR ISOLÉ DEBOUT.

1 *temps*, 2 *mouvements*.

Comme il est prescrit à l'Ecole du canonnier à pied.

POINTEZ.

1 *temps*.

Elever l'arme avec les deux mains sans brusquer le mouvement, le corps restant droit, la tête levée; appuyer la crosse contre l'épaule, la main gauche fermée et plus ou moins rapprochée de la capucine, suivant la conformation de l'homme; le coude gauche abattu et en dedans, la monture reposant sur la paume de la main.

Fermer l'œil gauche, élever l'épaule droite sans effort en amenant le coude à peu près à la même hauteur. Pencher le moins possible la tête à droite, mais arriver à placer l'œil droit sur le prolongement de la ligne de mire; maintenir l'arme dans sa position, la hausse et le guidon n'inclinant ni à droite ni à gauche; le pouce de la main droite en travers sur la poignée, la deuxième phalange du premier doigt en avant de la détente sans la toucher, les autres doigts entourant la poignée et s'aidant du pouce pour maintenir l'arme.

L'instructeur, après avoir détaillé la position du tireur et celle de pointez, les fait prendre par chaque soldat en commençant par le premier placé à la droite du rang. Il s'approche de celui qu'il veut instruire, afin de soutenir l'arme de ce soldat en portant la main à la grenadière. Il aide ainsi dans le commencement les hommes à prendre la position, et diminue leur fatigue pendant le temps employé à leur donner les premiers enseignements et à rectifier les positions.

L'instructeur fait ensuite prendre la position par le même soldat sans le guider et sans soutenir son arme. Après lui avoir indiqué, s'il y a lieu, en quoi sa position est défectueuse, il la lui fait quitter.

Pour faire prendre ou quitter la position, l'instructeur dit :

1. PRENEZ LA POSITION DU TIREUR ISOLÉ DEBOUT.
2. POINTEZ.
3. QUITTEZ LA POSITION.

Lorsque l'instructeur passe d'un soldat à un autre pour enseigner la position prescrite, il ordonne à celui qu'il quitte de prendre de lui-même la position, de la garder un instant, de la quitter et de la reprendre autant de fois qu'il le pourra pendant que l'instruction sera donnée aux autres.

Lorsque les hommes doivent prendre et quitter fréquemment leur position, il faut leur recommander de ne point armer.

L'instructeur fait ensuite prendre la position par tous les hommes à la fois, et les laisse en joue pendant un temps suffisant pour qu'ils s'affermissent dans la position prescrite, mais assez court cependant pour ne pas occasionner une fatigue trop grande.

Placé devant le rang, l'instructeur adresse des observations aux soldats pour rectifier leur position. On ne prescrit pas aux soldats de viser un point désigné, mais seulement de faire passer un rayon visuel par les deux points de la ligne de mire, et de tenir cette ligne à peu près horizontale.

ARTICLE III

Pointage sur la position du tireur isolé debout.

Lorsque les canonniers sont suffisamment affermis dans la position du tireur à pied, ils sont exercés à la garder en visant un point que l'instructeur désigne.

L'instructeur leur prescrit de diriger d'abord la ligne de mire au-dessous du point désigné, et d'élever lentement cette ligne jusqu'à ce qu'elle passe par le point qu'il faut viser; de l'arrêter sur ce point en conservant l'immobilité de l'arme et du corps.

ARTICLE IV

Position du tireur isolé à genou, et pointage.

On ne fait point de commandement régulier, et l'on ne distingue ni temps ni mouvements. L'instructeur dit seulement aux canonniers :

PRENEZ LA POSITION DU TIREUR A GENOU.
QUITTEZ LA POSITION.

L'instructeur détaille la position du tireur à genou de la manière suivante :

Prendre la position de *Présentez vos armes ;* porter

le pied droit en arrière et sur la droite du talon gauche, dans la position la plus commode pour mettre le genou droit à terre en ployant la jambe gauche; mettre le genou à terre; abattre l'arme, l'avant-bras gauche appuyé sur la cuisse du même côté, la main droite à la poignée, la crosse touchant sur la cuisse droite.

Faire pivoter la jambe droite autour du genou appuyé à terre; placer cette jambe à peu près perpendiculairement à la direction du pied gauche, dans la position la plus commode; s'asseoir sur le talon droit; prendre de l'aplomb et de l'aisance; disposer le curseur et lever la hausse, si cela est nécessaire; armer.

Mettre en joue, en appuyant le coude gauche sur la cuisse et près du genou, la main gauche soutenant l'arme entre la grenadière et le talon de la hausse, l'épaule droite levée ou abaissée suivant la position du but, le coude à peu près à hauteur de l'épaule; diriger la ligne de mire sur le point qu'indiquent les règles de tir, en maintenant le sommet du guidon et le cran de mire dans le plan vertical de tir, le pouce de la main droite en travers sur la poignée, la deuxième phalange du premier doigt de la main droite en avant de la détente, sans la toucher, les autres doigts entourant la poignée et s'aidant du pouce pour tenir le fusil.

L'instructeur, après avoir pris et détaillé en même temps la position du tireur isolé à genou, se conforme, pour la faire prendre aux hommes, à ce que prescrivent les articles II et III pour la position du tireur debout.

Trois séances sont employées à faire exécuter aux jeunes soldats ce qui est prescrit dans cet article; une seule séance suffit pour les anciens.

Dans ses séances, on ne pointe plus sur le chevalet; l'instructeur fait viser et appliquer les règles de tir en même temps qu'il enseigne la position. Dans la deuxième reprise de la troisième séance, il fait prendre alternativement aux jeunes soldats la position du tireur debout et celle du tireur à genou, en prescrivant de pointer sur le but qu'il désigne.

Des deux positions du tireur isolé, la position à genou est sans contredit la moins militaire; mais elle est plus avantageuse pour la justesse du tir. Elle fait perdre du temps au canonnier soit pour la prendre, soit pour la quitter afin de charger. Aussi cette position doit être considérée comme exceptionnelle et bonne seulement dans quelques circonstances particulières de la guerre.

ARTICLE V

Conservation de l'immobilité de l'arme entre les mains du tireur pendant qu'il agit sur la détente et après que le chien a été abattu sur le percuteur.

On maintient facilement la ligne de mire d'une arme dans la direction donnée tant qu'il s'agit de ne pas appuyer sur la détente pour faire partir le coup ; mais, lorsqu'on en vient là, il se présente une difficulté assez grande.

En appuyant sur la détente, on risque de déranger l'arme, de sorte que, bien dirigée avant qu'on ait touché la détente, elle peut ne plus l'être au moment où le coup part.

Il faut que le tireur ne cesse pas de maintenir la ligne de mire de son arme sur le point visé pendant tout le temps qu'il agit sur la détente et tant que le coup n'est pas parti. Le coup doit le surprendre occupé à maintenir la ligne de mire sur le point visé.

Le tireur parvient à ce résultat, s'il retient sa respiration au moment où il commence à toucher la détente jusqu'à ce que le coup soit parti, s'il n'agit point brusquement sur elle, s'il sait exercer par degrés une pression de plus en plus forte sur ce levier, s'il place le doigt de manière à lui laisser toute sa force et à lui communiquer des mouvements très-restreints, en le faisant agir non point par l'extrémité, mais par la deuxième phalange, autant que la conformation de l'homme le permet.

L'instructeur indique successivement à chaque soldat la manière d'agir sur la détente; il prend devant lui une position commode semblable à celle du premier temps de la charge.

Dans cette position, il tient l'arme à la poignée de la main droite, engage le premier doigt en avant de la détente jusqu'à la deuxième phalange, et agit par degrés sur la détente en regardant le percuteur. Il fait prendre cette même position et exécuter ces mêmes mouvements par chaque soldat, et lui montre la manière d'agir sur la détente.

Après avoir fait répéter cet exercice plusieurs fois par chaque homme, l'instructeur explique à son détachement comment on doit opérer lorsqu'on veut faire partir le coup sans déranger l'arme après avoir visé et pris les positions prescrites par la présente instruction ou par l'école du canonnier.

On donne cette explication de la manière suivante :

Agir par degré sur la détente avec la deuxième phalange du premier doigt de la main droite, en retenant la respiration de telle sorte que le coup (1) surprenne le tireur occupé à maintenir la ligne de mire sur le point visé.

Rester en joue un instant après que le coup est parti, et s'assurer que la ligne de mire passe encore par le point premièrement visé (2).

L'instructeur prescrit au soldat de prendre la position du tireur à pied et de faire partir le coup sans commandement, comme il vient d'être expliqué. Il désigne aux hommes le point qu'ils doivent viser, indique la distance réelle ou supposée du but, et exige qu'on applique la règle de tir de cette distance. Il corrige les positions et reconnaît facilement, par les mouvements de leurs armes, les hommes qui n'ont pas d'aplomb et qui ne savent pas agir sur la détente.

ARTICLE VI.

Tir avec des cartouches à poudre.

Dans le tir aux cartouches à poudre, on se conforme aux principes prescrits précédemment.

---

(1) Dans le tir simulé dont il est question, le coup est le choc du chien sur le percuteur.

(2) Quand on tire réellement on ne peut rester en joue une fois le coup parti ; mais si dans le tir réel il se produisait un long feu, le tireur habitué à rester en joue, comme il est prescrit dans cet article, ne dérange pas l'arme avant que le coup soit parti, et le long feu n'empêchera pas le coup d'être bon.

Nota. On reconnait un bon tireur à l'immobilité que conserve son arme lorsqu'un raté a lieu dans le tir.

L'instructeur forme son détachement de douze hommes sur le terrain, comme il a été ordonné article 1er.

Les hommes font feu successivement sur la cible placée ou supposée à une distance réglementaire du but.

ARTICLE VII.

Tir individuel aux diverses distances avec cartouches à balle.

Les distances réglementaires du tir pour le canonnier à pied sont mesurées et marquées sur le champ de tir par les soins du capitaine instructeur.

Les surfaces sur lesquelles doivent être recueillies les balles aux diverses distances sont :

A 100 mètres, une cible;

A 200 et 250 mètres, deux cibles contiguës.

Le tir à chaque distance se fait en une seule séance.

Les anciens et les jeunes soldats tirent aux mêmes distances et sur des buts de même dimension.

A chaque séance on fait brûler quatre cartouches à balle par les anciens et par les jeunes soldats.

Le tir de ces quatre balles est toujours précédé d'un tir simulé dans lequel chaque cavalier brûle une cartouche à poudre.

Cet exercice préparatoire sert à rappeler à chaque cavalier la règle de tir de la distance, et a de plus l'avantage de flamber l'arme.

Les instructeurs doivent faire exécuter ce feu simulé avec beaucoup de soin, et faire pendant cet exercice toutes les observations et rectifications qu'ils jugent nécessaires.

Pendant le tir à balle, les instructeurs et les officiers qui dirigent le feu évitent de se placer trop près du tireur; ils font peu d'observations, pour ne pas distraire son attention.

Si celui-ci a mal appliqué quelque principe essentiel, on lui explique après le coup la faute qu'il a commise, et on lui apprend comment il doit l'éviter.

Les sous-officiers participent à tous les tirs de cette leçon.

Les escadrons étant sur le champ de tir sont divisés

en quatre pelotons. Les pelotons qui attendent leur tour pour tirer reprennent pendant quelque temps les exercices du pointage. Le reste du temps est employé à l'appréciation des distances. On doit insister surtout sur la règle de tir de la distance à laquelle on va tirer.

Le peloton qui doit exécuter son tir est formé sur deux rangs, le front de la troupe placé perpendiculairement au plan de tir et à quinze mètres environ en arrière du point que doit occuper le tireur.

Chaque canonnier de ce peloton reçoit une cartouche à poudre et quatre cartouches à balle.

Avant de commencer le tir, l'officier de peloton fait sonner un demi-appel.

A ce signal, chacun se place à son poste; les officiers et les sous-officiers près du point que doit occuper le tireur; le sous-officier observateur derrière l'épaulement placé à côté et en avant de la cible.

Le sous-officier commande ensuite aux trois premières files du peloton de se porter en avant, les arrête lorsqu'elles ont marché l'espace de dix mètres, les fait placer sur un rang et fait exécuter la charge à volonté, puis il commande l'arme au bras.

Lorsqu'on a donné le signal pour commencer le feu, le canonnier de droite se porte directement au point que doit occuper le tireur, fait feu, se retire par la droite et vient reprendre sa place; il recharge son arme aussitôt sans commandement et met l'arme au bras.

Le deuxième homme de droite suit le mouvement du premier, se place au port d'armes à trois pas derrière lui et se tient prêt à le remplacer; il fait feu à son tour, se retire par la droite et vient se placer à la gauche du premier homme et sur le même alignement; il recharge son arme aussitôt sans commandement et met l'arme au bras.

Lorsque les six cavaliers ont fait feu, le premier homme de droite tire de nouveau, et le mouvement continue ainsi jusqu'à l'épuisement des quatre cartouches.

Si une arme rate, le canonnier se retire, se place à la gauche du tireur qui le remplace et remet son arme en état, puis fait feu à l'avertissement du sous-officier et reprend sa place de manière que les tireurs reviennent toujours dans le même ordre.

Quand ce premier groupe a terminé son feu, il se retire et se place à la gauche du peloton.

Le sous-officier fait avancer les trois files suivantes, procède pour elles comme il a fait pour les premières, et le tir continue ainsi jusqu'à ce que tout le détachement ait terminé son tir.

Le sous-officier remplit la colonne de balles mises dans la situation d'effectif à mesure que le tir a lieu.

Les balles mises dans le cercle noir n'ont pas plus de valeur sur les registres de tir que celles qui ont touché un autre point de la cible.

Un sous-officier placé dans un abri creusé au pied de la butte et couvert par un petit épaulement en terre damée, d'une épaisseur de 1 mètre au minimum, indique à l'aide d'un fanion les balles qui touchent la cible et le noir; il soulève le fanion et le laisse immobile pendant un instant lorsqu'il veut signaler une balle ayant frappé la cible hors du cercle noir; il indique que la balle a touché le cercle noir en soulevant le fanion et en l'agitant en l'air.

Il faut une grande attention dans le service du sous-officier chargé de signaler les balles ayant touché le but.

Toutes les fois qu'une balle frappe la cible, le trompette sonne un demi-appel; si la balle touche le cercle noir, le trompette sonne en plus un refrain.

Après le tir de chaque peloton, l'officier, aidé du sous-officier ou d'un brigadier, compte le nombre de trous de balle marqués sur la cible. Le maréchal des logis instructeur doit, d'après ce relevé, rectifier le mieux possible les notes prises pendant le tir, en se souvenant des coups douteux qu'il a dû marquer sur son calepin.

L'officier instructeur tient note des résultats généraux (1).

---

(1) Pour les détails accessoires et les notions complémentaires, se reporter à l'instruction du 8 avril 1862.

TIR A LA CIBLE.

L'*Instruction sur le tir à l'usage des troupes à cheval, du 8 avril* 1862, fixe les prescriptions suivantes pour l'application de cette instruction :

Le jeune soldat doit apprendre la nomenclature, le montage, le démontage et l'entretien de son arme, depuis son arrivée au corps jusqu'à la fin de la première partie de la quatrième leçon à pied.

Le tir à la cible à pied, qui fait l'objet de la deuxième partie de la quatrième leçon à pied, commence en même temps que le premier article de l'école du peloton à pied et est mené de manière à être terminé avec cette école.

Jusqu'à la deuxième partie de la quatrième leçon à pied, on apprendra donc à l'homme de recrue, dans les chambres, la nomenclature des différentes parties et des accessoires du fusil rayé; on lui apprendra également à le démonter, le remonter et l'entretenir.

Lorsque l'homme de recrue aura terminé la première partie de la quatrième leçon à pied, on commencera à lui enseigner les divers détails de l'instruction préparatoire au tir, qui comprend les notions suivantes :

1° Exécuter régulièrement la charge du fusil suivant les principes prescrits par la nouvelle instruction.

2° Connaître les règles de tir du fusil, c'est-à-dire savoir de quelle façon on doit diriger l'arme en raison de l'éloignement du but;

3° Apprendre à viser;

4° Prendre, dans le tir, une position qui permette de viser commodément, de conserver facilement l'immobilité du corps, de ne point pencher la hausse et le guidon à droite ou à gauche, de supporter le recul;

5° Brûler quelques cartouches à poudre, pour s'habituer à la détonation et à l'effet du recul.

Après avoir fait passer scrupuleusement tous les hommes par ces instructions préparatoires, on commence seulement le tir à la cible à balle. Une grande partie des instructions préparatoires au tir à la cible à balle se donnent dans les chambres. Le capitaine instructeur divise ses leçons de manière que tous les détails de cette instruction soient terminés à l'époque prescrite, et que les hommes aient tiré chacun quatre balles à chacune des trois distances, en avant, à droite, à gauche et en arrière, au moment où ils terminent l'école de peloton à pied.

Pour chaque séance du tir à balle, le capitaine instructeur fait établir des situations nominatives, par classe d'instruction, des hommes présents. La situation de chaque classe est remise à l'officier chargé de l'instruction de cette classe, et celui-ci fait inscrire les balles mises dans la cible à mesure que le tir a lieu.

Ces inscriptions sont relevées et portées sur un état général de tir, adressé au lieutenant-colonel, et qui constate que l'instruction des recrues a été complétée dans cette partie.

TABLE DES MATIÈRES.

TITRE Ier.

BASES GÉNÉRALES DE L'INSTRUCTION.

TITRE II.

INSTRUCTION A PIED.

BASES PARTICULIÈRES DE L'INSTRUCTION.

ÉCOLE DU CANONNIER A PIED.

Ire LEÇON.

IIe LEÇON.

IIIe LEÇON.

NOMENCLATURE

DÉMONTAGE, REMONTAGE ET ENTRETIEN DU FUSIL DE DRAGON TRANSFORMÉ (1867).

ÉCOLE DU PELOTON A PIED.

INSTRUCTION SUR LE TIR.

CHAPITRE Ier.

BASES DE L'INSTRUCTION.

CHAPITRE II.

CHAPITRE III.

PRATIQUE DU TIR.

— LILLE. TYP. J. LEFORT. MDCCCLXX —

www.ingramcontent.com/pod-product-compliance
Ingram Content Group UK Ltd.
Pitfield, Milton Keynes, MK11 3LW, UK
UKHW021059200726
13857UKWH00003B/1015